Wayne Pigeon Coote

A construção do horror em Drácula

Wayne Pigeon Coote

A construção do horror em Drácula

Romance, palco e ecrã

ScienciaScripts

Imprint

Cover image: www.ingimage.com

This book is a translation from the original published under ISBN 978-3-659-85442-2.

Publisher:
Sciencia Scripts
is a trademark of
Dodo Books Indian Ocean Ltd. and OmniScriptum S.R.L publishing group

120 High Road, East Finchley, London, N2 9ED, United Kingdom
Str. Armeneasca 28/1, office 1, Chisinau MD-2012, Republic of Moldova, Europe
Printed at: see last page
ISBN: 978-620-8-34963-9

Índice:

INTRODUÇÃO

O Drácula de Bram Stoker (1897) cria um conjunto de horrores que suscita uma série de interpretações perturbadoras por parte dos leitores e, por sua vez, o romance coloca desafios significativos para a conceção de adaptações para o palco e para o ecrã: é, no entanto, um bem cultural duradouro e versátil.

Drácula foi recontado, reescrito, acrescentado e transformado através de uma série de meios de comunicação e períodos históricos. Existem ligações intertextuais específicas, sendo uma delas o facto de Drácula ter sido descrito como uma figura sedutora, do tipo Don Juan[1] . As interpretações do Juan de Byron como social e politicamente parasitário, e como um vampiro, um "outro" sexual e racial, estabelecem ligações com os medos do fin-de-siecle aqui examinados. Prosseguindo na linha byroniana, certas adaptações de *Drácula* construíram o vampiro de Stoker à semelhança do Satanás de Milton em *Paraíso Perdido*, como um anti-herói trágico que consegue cativar a simpatia do público, apesar dos seus vícios.

No primeiro capítulo, este trabalho tem como objetivo identificar os horrores do vampirismo em *Drácula* e a forma como estes são construídos para se relacionarem com temas de sexualidade, doença e raça. O primeiro capítulo procura demonstrar que estes temas, por sua vez, significam teorias fisionómicas e criminológicas contemporâneas de degeneração, reflectindo preocupações sobre a invasão da Inglaterra por estrangeiros e os desafios ao patriarcado da nação trazidos pelo feminismo. O primeiro capítulo procura também introduzir algumas perspectivas críticas feministas intransigentes sobre *Drácula* que podem ser utilizadas em adaptações em meios alternativos.

O segundo capítulo tem como objetivo demonstrar o impacto do conteúdo violento e sexualizado do romance e da sua forma epistolar pesada no processo de adaptação para o palco. Tenta provar a versatilidade e a resistência das peças *de Drácula* na negociação das pressões da censura. Os principais textos apresentados são *Dracula*, de Stoker*: Or The Undead*, de Stoker, *Dracula*, de Hamilton Deane, *Dracula*, de Charles Morrell, *Dracula*,

[1] Stoker, Bram, *Dracula* [1897], ed. por Maurice Hindle (Londres: Penguin, 1993), contracapa (a seguir designado por *D*)

de John L. Balderston: *The Vampire Play in Three Acts*, de John L. Balderston, e, finalmente, *Dracula*, de Liz Lochhead. Através da análise desta última peça, o segundo capítulo procura estabelecer o que uma representação dramática mais moderna de *Drácula* pode alcançar em termos de fidelidade ao texto de Stoker, num período em que a censura era menos rigorosa. É importante salientar que este capítulo tem como objetivo mostrar como a peça se envolve com leituras psicanalíticas de *Drácula* para construir o horror. O segundo capítulo pretende terminar com a análise da forma como a adaptação de Lochhead explora traços do romance que permitem reinventar *Drácula* como uma espécie de história de amor trágica.

O terceiro capítulo explora as versões cinematográficas de *Drácula, Nosferatu* de F. W. Murnau, *Horror of Dracula* de Terence Fisher e outras produções da Hammer Film Productions, e *Bram Stoker's Dracula de* Francis Ford Coppola. O seu objetivo é evidenciar a tradição de incluir uma componente de história de amor entre o vampiro e a vítima, e mostrar como isso tem impacto na construção do horror nas adaptações cinematográficas. O terceiro capítulo tenta demonstrar que a censura do conteúdo do romance e a sua forma epistolar também representam desafios para os cineastas. *Nosferatu* é a única adaptação silenciosa e não anglo-americana apresentada neste trabalho, e o terceiro capítulo tem como objetivo mostrar que a sua realização é de certa forma única, fora do quadro de censura que influencia outras versões de *Drácula*. Este capítulo procura também verificar por que razão surgiu uma adaptação de *Drácula* entre as duas Guerras Mundiais, e como *Nosferatu* veio a funcionar como propaganda em lados opostos do conflito posterior. Tenta demonstrar que os filmes da Hammer, epitomizados por *Horror of Dracula*, reinventam o vampirismo como uma expressão do espírito anti-autoritário dos anos 60, envolvendo-se com os cenários culturais contemporâneos da revolução sexual e do Vietname. O terceiro capítulo conclui procurando determinar a versatilidade e a resistência de *Drácula* na forma que lhe foi dada por Coppola, analisando o modo como a sua figura de vampiro é reconfigurada como intensamente romântica e tragicamente imperfeita, e a relevância da história para a era moderna.

CAPÍTULO 1

A TRANSILVÂNIA NÃO É A INGLATERRA

O Drácula de Stoker começa com o diário de Jonathan Harker e, desde o início, o texto calibra os efeitos desfamiliarizantes e perturbadores da sua viagem em termos da distância a que se encontra de casa. Parece ao inglês "que quanto mais se vai para Leste, mais desfasados são os comboios. Como é que deviam ser na China?" (*D*, p. 32). Harker pode não estar a ir tão longe para leste, mas o seu destino "fica no extremo leste do país, mesmo na fronteira de três estados" (*D*, p. 8). A localização do Castelo de Drácula é, portanto, indeterminada, tal como os comboios, e escapa a Harker mesmo numa visita ao Museu Britânico antes da sua partida, ficando fora do âmbito dos modernos mapas da Ordnance Survey (*D*, p. 7-8). Harker localiza Bistritz, a sua última paragem antes de chegar ao Castelo, como "praticamente na fronteira" (*D*, p. 10). No entanto, ele não só está prestes a passar para terras indomadas, onde, ao contrário do que acontece em casa, os cães ferozes tornam inseguro caminhar (*D*, p. 16), como também está para além da zona de conforto da sua fé na Igreja de Inglaterra. O proprietário do hotel e a sua mulher cruzam-se quando Harker menciona o Conde Drácula; ouve falar de superstições, vê sinais de proteção contra o mau-olhado e recebe com desconforto um crucifixo, que usa ao pescoço apesar do que lhe foi ensinado em casa (*D*, p. 11-13).

Os horrores da viagem de Harker fazem-no ansiar pela familiaridade de casa e esperar que tudo não tenha passado de um pesadelo, imediatamente antes da fria realidade de Drácula o receber em sua casa (*D*, p. 25-6). O texto constrói a tensão gradualmente, começando pelo incómodo dos comboios, até que a ameaça dos cães ferozes se concretiza de forma aterradora quando Harker se vê rodeado por "um círculo de lobos, com dentes brancos e línguas vermelhas, com membros longos e musculados e pêlos desgrenhados" (*D*, p. 22). Também Drácula é vulpino. É alto (*D*, p. 25), com narinas especialmente arqueadas e dentes brancos e afiados, cabelo espesso e abundante, orelhas pontiagudas e mãos largas e grosseiras, em forma de pata, com dedos atarracados e pêlos no centro da palma, e unhas compridas, finas e afiadas, mais parecidas com garras (*D*, p. 28). O livro está repleto de representações bestiais de Drácula. Tem um nariz como o bico de uma águia e o seu cabelo é claro nas têmporas, semelhante a uma juba (*D*, p. 28). Harker sente-se repelido e aterrorizado ao vê-lo rastejar como um lagarto pelas paredes do castelo (*D*, p. 49), ele assume as formas de cão, lobo e morcego, o seu movimento é "pantera [...] desumano" e ele olha com "desdém de leão" (*D*, p. 393).

As linhas ténues entre homem e animal levam Harker a resumir inicialmente Drácula como tendo "uma fisionomia muito marcada" (*D*, p. 28). Apesar de Harker se encontrar num local estranho, longe de casa, os leitores contemporâneos bem informados estariam familiarizados com as implicações da fisionomia animalesca de Drácula e encontrariam nela indicadores dos horrores que se avizinham[2] . Muito antes de ser revelado como um vampiro,

> A primeira descrição de Stoker de Drácula [.] é uma reiteração quase literal de caraterísticas que podem ser encontradas nos influentes textos de criminologia de Cesare Lombroso (1836-1909) [.] A descrição pormenorizada de Lombroso de um criminoso degenerado "típico" deu a Stoker um retrato perfeito, pintado a preceito .[3]

Drácula representa, portanto, uma ameaça viva e humana à ordem social que Harker deixou para trás em Inglaterra. É isto que primeiro o perturba em relação ao seu cliente, e é assim que ele é categorizado pela primeira vez para o leitor. Tal como a aparência exterior de Drácula apoia essa leitura no início do romance, também as suas tendências interiores a confirmam quando a narrativa se aproxima da sua conclusão, uma vez que, como determina Mina, a mulher de Harker,

---

[2] David Glover, *Vampires, Mummies, and Liberals: Bram Stoker and the Politics of Popular Fiction* (Durham e Londres: Duke University Press, 1996), p. 71

[3] David J. Skal, *Hollywood Gothic: The Tangled Web of Dracula from Novel to Stage to Screen* (Nova Iorque: Faber and Faber, 2004), p. 51

> O Conde é [...] de tipo criminoso [...] Lombroso classificá-lo-ia assim, e *qua* criminoso é de mente imperfeitamente formada. Assim, numa dificuldade, tem de procurar o recurso no hábito [...] como o seu intelecto é pequeno e a sua ação se baseia no egoísmo, limita-se a um objetivo (*D*, p. 439-40).

Não obstante os horrores sobrenaturais do vampiro, entre estes dois pontos do texto, a pseudociência contemporânea da criminologia lombrosiana revela as fraquezas de Drácula e a vitória de Harker e companhia torna-se possível. Drácula continua a ser perigoso, mas torna-se subitamente um fugitivo previsível e descuidado, separando-se fatalmente da sua cúmplice vampirizada, Mina (*D*, p. 440), que reconhece o seu modus operandi e o encontra.

Os horrores bestiais e criminosos degenerados representados por Drácula assumem uma dimensão sinistra para os leitores contemporâneos, pois é a Inglaterra que o vampiro deseja. O romance foi publicado quando "o medo de perder a posição na escala evolutiva obcecava os homens vitorianos privilegiados, numa época em que a primazia da Grã-Bretanha na cena mundial estava a vacilar [...] e os estrangeiros estavam a aparecer nas costas inglesas em números sem precedentes" (Skal, p. 49). Assim, *Drácula* não se lê apenas como uma "narrativa de invasão" (Glover, p. 39), mas também como "uma narrativa de colonização inversa"[4] . O primitivo procura subjugar o moderno; Harker vê Drácula a rastejar como um lagarto e fica horrorizado com o facto de que "os velhos séculos tinham, e têm, poderes próprios que a mera "modernidade" não pode matar" (*D*, p. 51). Entre os estrangeiros mencionados contavam-se os judeus e os imigrantes da Europa de Leste, e estas minorias eram proeminentes entre os bodes expiatórios e demonizados no contexto do declínio imperial[5] . Há sinais reveladores de antissemitismo na fisionomia de Drácula, com o seu "'nariz de ook e uma barba pontiaguda, com alguns cabelos brancos a passar por ela" (*D*, p. 179), em conformidade com um estereótipo judeu[6]

---

[4] Stephen D. Arata, "The Occidental Tourist: *Dracula* and the Anxiety of Reverse Colonization", *Victorian Studies*, 33:4 (verão de 1990), 621-45, p. 623

[5] Carol Margaret Davison, (ed.), *Bram Stoker's Dracula: Sucking through the Century, 1897-1997* (Oxford: Dundurn Press, 1997), p. 28

[6] Elizabeth Miller, *Dracula: Sense and Nonsense* (Desert Island eBooks, 2012)

. Tal como Drácula, Immanuel Hildesheim, que recebe a caixa do vampiro quando este foge para casa, é descrito de forma animalesca, como "um hebreu do tipo do Teatro Adelphi, com um nariz de ovelha e um fez" (*D*, p. 448). Estes pormenores são suficientes para convencer Maurice Hindle da existência de traços xenófobos e racistas no romance (*D*, p. xi). Além disso, "a little bargaining" (*D*, p. 448) compra o segredo do paradeiro de Drácula a Hildesheim, apontando para o estereótipo do judeu cobiçoso e sem escrúpulos. Quanto a Drácula, ele "pode não ter sido oficialmente um desses horrendos judeus consanguíneos com que todos se preocupavam na altura em que Stoker escreveu o seu romance, mas esteve perto disso, pois era muito enfaticamente da Europa de Leste"[7] .

A consanguinidade é a fonte de um tremendo horror em *Drácula*, pois o vampiro, um "Outro racializado" bestial nas costas inglesas, procura acasalar com mulheres inglesas (Glover, p. 21). É apanhado em flagrante com Mina por um Dr. John Seward aterrorizado, entre outros (*D*, p. 362). Seward relata que

> Na cama [...] jazia Jonathan Harker, com o rosto corado e a respiração pesada, como se estivesse num estado de estupor. Ajoelhada na beira da cama, virada para fora, estava [...] a sua mulher. Ao lado dela estava [...] o Conde [...] que segurava ambas as mãos da Sra. Harker, mantendo-as afastadas com os braços dela em tensão máxima; a sua mão direita agarrava-a pela nuca, forçando-a a baixar o rosto para o seu peito. A camisa de noite branca dela estava manchada de sangue, e um fino fio escorria pelo peito nu do homem [...] A atitude dos dois tinha uma terrível semelhança com a de uma criança que forçava o nariz de um gatinho a entrar num pires de leite para o obrigar a beber (*D*, p. 362-3).

Em primeiro lugar, há o terrível espetáculo de Drácula a usurpar o leito conjugal do casal inglês, com o marido emasculado a ficar impotente para o impedir (Glover, p. 70). Drácula torna-se assim também uma espécie de "Outro" sexualizado. Mina encontra-se naquilo a

[7] Bram Dijkstra, *Idols of Perversity: Fantasies of Feminine Evil in Fin-De-Siecle Culture* (Oxford: Oxford University Press, 1986), p. 343

que Seward chama uma "posição terrível e horrenda"; ouvir falar dela também enfurece o seu parceiro quando este recupera os sentidos (*D*, p. 366). As associações de felação e violação (Glover, p. 70) na degradação agressiva de uma mulher casada por parte de Drácula perturbam as personagens masculinas do texto e contribuem para chocar um leitor implícito. Esta leitura é reforçada pela afirmação de Mina de que agora está impura e não deve beijar ou tocar em Jonathan (*D*, p. 366), e pelo seu horror perante o que engoliu (*D*, p. 371). No entanto, a construção do horror nesta cena não é tão simples. Mina provou literalmente sangue, e como "O sangue é a vida!" (*D*, p. 184), lê-se facilmente como "sémen simbólico" (Dijkstra, p. 345). A analogia de beber leite ajuda a perverter este episódio do romance, na medida em que Drácula está simultaneamente a ter um congresso sexual ilícito com Mina e a amamentá-la como se fosse a sua cria vampira recém-nascida. Mina é reduzida a um bebé indefeso nos braços, e a figura masculina de Drácula consegue uma inversão de papéis que retira à força a maternidade às mulheres; ele é "um patriarca que dá à luz monstros [...] fálicamente maternais" (Glover, p. 70-1).

Drácula e Mina tornam-se assim parentes, e o incesto é um horror adicional inerente à sua subjugação, e "de todas as cenas do livro, esta foi sem dúvida a que causou mais comoção", com uma crítica contemporânea a recusar-se sequer a insinuar este conteúdo (Glover, p. 70-1). A esposa de um bispo que proclamou *Drácula* como "uma alegoria do pecado" (Skal, p. 65) poderia muito bem ter tido a blasfémia do "batismo de sangue" de Mina (*D*, p. 414) em primeiro lugar na sua mente. Leitores masculinos bem informados teriam reconhecido o significado do encontro, uma vez que "era considerado um facto científico por muitos intelectuais do início do século que, para uma mulher, provar sangue era provar o leite do desejo e [...] poderia transformar uma mulher inocente e inexperiente numa ninfomaníaca insaciável" (Dijkstra, p. 347).

No romance, as filhas vampiras de Drácula são certamente insaciáveis na sua sede de sangue. As que residem no Castelo Drácula são fundamentais para o seu horror desfamiliarizante; são mulheres que estão a um mundo de distância de uma noiva para a qual um jovem cavalheiro inglês no estrangeiro poderia colecionar receitas (*D*, p. 7), ou da imaginada "bela dama" de Jonathan a corar por causa de uma carta de amor (*D*, p. 51). De forma reveladora, Jonathan afirma "que, de todas as coisas imundas que se escondem neste lugar odioso, o Conde é a menos terrível para mim" (*D*, p. 51). No entanto, apesar deste sentimento de horror na manhã seguinte, Jonathan admite uma reação ambivalente às mulheres da altura; Jonathan relata que

> Todos os três tinham dentes brancos e brilhantes, que brilhavam como pérolas contra o rubi dos seus lábios voluptuosos. Havia algo nelas que me inquietava, um certo desejo e, ao mesmo tempo, um medo mortal. Sentia no meu coração um desejo perverso e ardente de que me beijassem com aqueles lábios vermelhos. Não é bom anotar isto, para que não venha um dia a encontrar os olhos de Mina e lhe cause dor (*D*, p. 53).

O noivo inglês encara a perspetiva tentadora da infidelidade erotizada com múltiplos parceiros. Os lábios são identificados como o local específico do prazer, aqui e noutras partes de *Drácula*, "atraindo primeiro com um orifício convidativo, uma promessa de suavidade vermelha, mas entregando em vez disso um osso perfurante"[8] . Assim, tal como Drácula, a mulher vampira do romance desafia noções seguras de género; os seus dentes e lábios são análogos aos órgãos sexuais masculino e feminino, respetivamente. Isto explica a ambivalência de Jonathan e levanta questões inquietantes sobre a natureza do seu desejo pelos seus beijos. Numa inversão dos papéis sexuais tradicionais, é uma mulher que vai beijar nesta cena, enquanto ele fica prostrado e vulnerável[9] . Ela assume a posição sexualizada ativa, avançando sobre Jonathan, inclinando-se sobre ele e regozijando-se com a sua conquista (*D*, p. 53-4). O verdadeiro horror deste episódio, no entanto, é o facto de ele ser retratado como uma vítima hesitante mas, em última análise, voluntária. Um horror ainda maior reside na sugestão de que Jonathan deseja ser penetrado de forma sexualizada; ele recorda que

> Sentia o toque suave e trémulo dos lábios na pele supersensível da minha garganta,

---

[8] Christopher Craft, "'Kiss Me with those Red Lips": Gender and Inversion in Bram Stoker's *Dracula*", *Representations*, 8 (1984), 107-33, p. 109

[9] Sally Ledger, *The New Woman: Fiction and Feminism at the Fin-de-Siecle* (Manchester: Manchester University Press, 1997), p. 102

e as marcas duras de dois dentes afiados, que se tocavam e se detinham ali. Fechei os olhos num êxtase langoroso e esperei - esperei com o coração a bater (*D*, p. 54).

Drácula, o único vampiro masculino do livro, nunca é representado a morder Jonathan ou qualquer outro homem. No entanto, a "heterossexualidade monstruosa" (Craft, p. 111) das vampiras é plausível de ser lida como uma sugestão codificada do grande tabu vitoriano da sodomia. Christopher Craft (p.110) e outros críticos têm falado muito da entrada de Drácula diretamente no ponto de penetração. Ele pergunta com veneno: "Como se atrevem a tocar-lhe, qualquer um de vós? Como se atrevem a olhar para ele quando eu o proibi? [...] Este homem pertence-me!" (*D*, p. 55). No entanto, Clive Leatherdale salienta que esta possessividade não valida qualquer leitura homoerótica; em vez disso, Drácula precisa que Jonathan o ensine os costumes ingleses (citado em Miller, *Dracula: Sense and Nonsense*). Há certamente outros arranjos a fazer antes de Drácula poder viajar para Inglaterra. As notas de Stoker para *Drácula* incluem, de facto, as palavras não utilizadas "I want him" nesta passagem e uma edição americana acrescenta misteriosamente "To-night is mine" (Miller, *Dracula: Sense and Nonsense*). Drácula olha atentamente para o rosto de Jonathan antes de sussurrar suavemente que ele é capaz de amar (*D*, p. 55). Há também toques inexplicáveis entre Drácula e Fernão (*D*, p. 28) e ele carrega-o inconsciente do quarto depois de o salvar das mulheres, despindo-o e dobrando-lhe a roupa (*D*, p. 57). No entanto, apesar de tais sugestões tentadoras e toques íntimos, oficialmente, no mundo do romance, os vampiros machos atacam diretamente as mulheres e as vampiras os machos. O último horror antes da inconsciência de Jonathan é o facto de as vampiras se alimentarem também de uma criança (*D*, p. 55), cuja mãe é mais tarde devorada por lobos (*D*, p. 64).

As mulheres sexualmente dominantes que perturbam o ego masculino vitoriano e atacam crianças são suficientemente terríveis como nativas bestiais numa terra estrangeira remota. No entanto, esta dinâmica repete-se em solo inglês através da figura da vampira Lucy Westenra. Fora do seu túmulo,

Com um movimento descuidado, atirou para o chão, insensível como um demónio, a criança que até então tinha agarrado com força ao peito, rosnando por ela como um cão rosna por um osso [...] Havia um sangue-frio no ato que arrancou um gemido a Artur; quando ela avançou para ele com os braços estendidos e um sorriso lascivo, ele caiu para trás e escondeu o rosto nas mãos" (*D*, p. 271-2).

O seu antigo noivo fica horrorizado ao ver a mulher que ia ser a mãe dos seus filhos tão transformada. Lucy tem estado a sugar o sangue das crianças numa "horrível inversão infanticida da maternidade" (Ledger, p. 104). É assim identificável com "a virgindade deslocada da mulher, essa força masculinizante que, na vida real, encorajou as feministas a renunciarem aos deveres sagrados da maternidade e [...] a atacarem os seus bebés ainda não concebidos" (Dijkstra, p. 345). A raça perigosa de feminista contemporânea era a Nova Mulher. Mina satiriza esta figura em *Drácula* pelo seu grande apetite, imaginando que ela dará início a ideias segundo as quais os homens e as mulheres se devem ver a dormir antes do casamento, e até que a Nova Mulher, em vez de condescender em aceitar uma proposta de um homem, fará ela própria a proposta (*D*, p. 118-9). O divertimento de Mina é uma coisa, mas houve ataques sérios e generalizados à Nova Mulher como uma ameaça à raça humana e uma mãe infanticida, e por ser sexualmente anormal (Ledger, p. 10). Lucy é uma reminiscência de tal figura no texto, significativamente mesmo antes de se tornar uma ameaça literal como vampira. Ela escreve a Mina que

> nunca tive um pedido de casamento [...] nem um pedido a sério, e hoje tive três. Só de fantasia! TRÊS propostas num só dia! Não é horrível? Tenho pena, muita pena mesmo, de dois dos pobres coitados [...] estou tão feliz que não sei o que fazer comigo. E três propostas! (*D*, p. 77).

O tom e a repetição de Lucy sugerem que ela se diverte com o desejo que provoca nos homens. Tem também padrões elevados que a podem ter levado a rejeitar ofertas anteriores inadequadas para a sua mão. Os seus elogios algo lisonjeiros aos dois perdedores do jogo do casamento sugerem que ela se considera um prémio esplêndido. Lucy tem a confiança necessária para recusar as suas duas primeiras propostas, sem duvidar de que a que mais deseja virá a seguir (*D*, p. 78-82). Tal como a imaginada Nova Mulher de Mina, que inverte as convenções e pede um homem em casamento, Lucy pensa momentaneamente em assumir o papel ativo de homem, afirmando que "I know now what I would do if I were a man and wanted to make a girl love me" (*D*, p. 79). Identifica também que será considerada "a horrid flirt" na sua exultação por Quincey P. Morris ser o seu segundo pretendente num dia, e que está quase a gozar com ele (*D*, p. 80). Os toques de caraterização que alinham Lucy com uma figura da Nova Mulher abrem caminho para que ela lamente: "Porque é que não deixam uma rapariga casar com três homens, ou com todos os que a quiserem, e poupam todo este trabalho? Mas isto é uma heresia e eu não devo dizê-lo" (*D*, p. 81). Lucy disse-o, no entanto, e é lida como um tipo anormal de Mulher Nova que representa uma ameaça à instituição do casamento (Ledger, p. 10), "Esta admissão consciente esconde, de facto, o seu desejo inconsciente - ter sexo com todos eles"[10] . Lucy e os seus três pretendentes formam uma inversão do cenário anterior, em que três vampiras têm projectos para Jonathan.

Maldade no sangue

A interrupção de Drácula impede que as mulheres se debrucem sobre Jonathan num encontro de grupo bestial, degenerado e sexualizado. Em contrapartida, Lucy enche-se de sangue e mais sangue, através de transfusões, não só dos seus três namorados, Seward, Morris e Arthur Holmwood, mas também do Professor Van Helsing. O texto deixa claro que estas transfusões devem ser equiparadas a uma união sexual entre Lucy e os seus dadores (Dijkstra, p. 344). Lucy sente a presença do noivo quente sobre ela depois da sua oferta (*D*, p. 166). De seguida, Seward descreve a sua transfusão com o êxtase de um amante satisfeito (Dijkstra, p. 344) e fica desiludido quando esta é interrompida prematuramente (*D*, p. 168). A transfusão de Seward tem de ser mantida em segredo de Holmwood, para evitar que este fique com ciúmes (*D*, p. 168); nenhuma das outras se destina a ser-lhe revelada (*D*, p. 225). Holmwood sente que Lucy é sua mulher aos olhos

[10] Joseph Andriano, *Our Ladies of Darkness: Feminine Daemonology in Male Gothic Fiction* (University Park: Pennsylvania University Press, 1992), p. 108

de Deus, em virtude de lhe ter dado o seu sangue; Van Helsing revela que as múltiplas transfusões a tornam, de facto, mulher e, portanto, parceira sexual de todos eles (*D*, p. 227). Naturalmente, a sangria significativa enfraquece consideravelmente cada um dos quatro homens, e "um dos subtextos de *Drácula* é o facto de a Nova Mulher atenuar as proezas sexuais do homem, esgotando a sua masculinidade, feminizando-o" (Ledger, p. 102). O horror do macho feminizado é nitidamente delineado nos episódios de histeria que Van Helsing (*D*, p. 225) e Holmwood (*D*, p. 295) sofrem após a provação de alimentar Lucy em vão. *Hysteria* é literalmente "a palavra grega para útero transformada na designação de uma doença" (Dijkstra, p. 243). Na altura em que *Drácula* estava a ser escrito e publicado, "os ideais de masculinidade tinham sido em grande parte expurgados de qualquer expressão aberta de sentimentos" (Glover, p. 46), e os desvios a essas normas podiam "ser condenados como sinais perigosos de efeminação, uma fraqueza de vontade moralmente repreensível e um afastamento do ideal heterossexual" (Glover, p. 80). O ego masculino contemporâneo é, assim, vulnerável às confissões textuais de *Drácula* sobre a histeria masculina: o termo é, noutras partes do romance, reservado às mulheres (*D*, p. 11, 191, 238) e ao lunático Renfield (*D*, p. 319).

Drácula constrói o horror para além do enfraquecimento e da feminização das personagens masculinas por Lucy, ao tirar-lhes o sangue; inversamente, o beijo da vampira pode infetar os homens com o vampirismo (*D*, p. 275-6). Esta transferência fatal de fluidos corporais funciona de forma muito semelhante a uma doença venérea e "*Drácula* pode ser lido como uma parábola quase transparente da sífilis; as suas imagens de mulheres devassas, sangue contaminado, lesões cutâneas reveladoras [...] ressoam poderosamente com o pânico vitoriano sobre o contágio sexual, o bode expiatório das prostitutas" (Skal, p. 74). Lucy, na sua vida de Mulher Nova, pode ser lida como vampira e prostituta; as prostitutas, os "vampiros das ruas", tinham a capacidade de drenar a riqueza e a saúde do homem da classe média, ameaçando a sua própria existência, tal como a Mulher Nova era vista a fazer (Dijkstra, p. 357-8). Os leitores masculinos de *Drácula*, como todos os homens vitorianos, reconheceriam os terrores da sífilis (Skal, p. 74) num período visivelmente caracterizado pela "disseminação maciça da prostituição nos centros urbanos" (Dijkstra, p. 355).

Obsessão antifeminista?

As vampiras têm de ser destruídas para evitar a propagação da infeção e salvaguardar a supremacia masculina em *Drácula*. À medida que o romance avança, as mulheres tornam-se mais fortes e passam a ocupar o primeiro plano, mesmo em relação a Drácula (Skal, p. 55). Alguns críticos interpretam os rituais brutais utilizados para restaurar o poder masculino, a cravação de uma estaca no coração e a decapitação (*D*, p. 277-9, 477), como necessariamente sexuais. David J. Skal está entre aqueles que vêem a penetração da estaca como purificação através do sexo (p. 55). Bram Dijkstra retrata a estacada de Lucy por Holmwood como uma violação simbólica vingativa (p. 345). Andrea Dworkin argumenta que as personagens masculinas recebem um novo tipo de sexo ao verem as mulheres morrer, e identifica "matar como um ato sexual" em *Drácula* e "a mutilação do corpo feminino como heroísmo e aventura masculinos" (citado em Skal, p. 54-5). *Drácula* é certamente uma obra antifeminista, mas essas leituras não são apoiadas pelo texto. As acções de Holmwood e Van Helsing, os dois homens que matam as vampiras no livro, são descritas como provações horríveis, não com o prazer sexualizado da transfusão de sangue de Seward. As reacções a *Drácula* podem ser extremas e apaixonadas, e as interpretações destas cenas de morte estão entre as que exercem uma profunda influência nas adaptações noutros meios.

CAPÍTULO 2

"MESMO UM SER COMO EU TEM DE DESEMPENHAR O SEU PAPEL NO GRANDE DRAMA DA EXISTÊNCIA

Roxana Stuart afirma que Stoker planeou originalmente *Drácula* como uma peça de teatro[11] . Há provas desta afirmação. Nas suas notas, "a abreviatura de Stoker "enter Count" parece uma direção de cena" para um ator[12] . As notas esboçam uma estrutura circular que se enquadraria perfeitamente numa produção dramática. Detalham quatro actos de sete cenas que abrangem a viagem da Europa de Leste para Whitby, para Londres e arredores, e de volta à Europa de Leste (Frayling, p. 300). Os quatro actos, ou "livros", eram "intitulados *Styria to London*, *Tragedy*, *Discovery* and *Punishment* [...] como a sinopse de um programa de teatro" (Frayling, p. 305). As notas mostram assim o potencial dramático e trágico da obra. A tragédia do Livro II é a morte de Lucy (Frayling, p. 306), cuja New Womanhood defeituosa pode ser lida como um selo para o seu destino no romance. Stoker acreditava evidentemente que a sua história poderia atingir os objectivos do drama trágico, nomeadamente a catarse; escreveu que "O livro está necessariamente cheio de horrores e terrores, mas acredito que estes são calculados para limpar a mente pela piedade e pelo terror"[13] .

O processo de adaptação de *Drácula* para o palco foi iniciado por Stoker antes da publicação do romance. Como era comum, ele organizou uma leitura teatral do seu guião para *Drácula: Or The Un-dead*: *A Play in Prologue and Five Acts* antes do lançamento do livro, "ostensivamente para proteger o seu interesse num copyright dramático" (Skal, p. 39-40). Provavelmente, não passava de uma leitura pura e simples, apenas realizada num palco para que pudesse ser legalmente classificada como uma representação (*Dracula: Or The Un-dead*, p. xxxiv). A apresentação de Stoker proporcionou pouco drama[14] . Os membros do elenco tinham apenas uma cópia do manuscrito para passar entre

---

[11] Roxana Stuart, *Stage Blood: Vampires of the 19th-Century Stage* (Bowling Green: Bowling Green State University Popular Press, 1994), p. 190

[12] Christopher Frayling, *Vampyres: Lord Byron to Count Dracula* (Londres: Faber and Faber, 1992), p. 313

[13] Bram Stoker, *Dracula: Or The Un-dead: A Play in Prologue and Five Acts*, ed. por Sylvia Starshine (Nottingham: Pumpkin Books, 1997), p. xx

[14] Matthew Bunson, *The Vampire Encyclopedia* (Nova Iorque: Gramercy Books, 2000), p. 78

eles e teria sido um desafio para eles manterem-se na personagem (*Dracula: Or The Un-dead*, p. xxxiv). Para agravar essas dificuldades, a maior parte do texto do romance é incluída literalmente, o que significa que a atuação possivelmente durou mais de cinco horas (Skal, p. 40).

Drácula tinha potencial como peça de teatro, mas já era um romance completo quando o manuscrito de Stoker ganhou forma. Relativamente poucos cortes foram feitos, e assim

> A versão resumida de Stoker é apenas ligeiramente teatral, e parece ter sido prejudicada pelas mesmas dificuldades com que os adaptadores posteriores também se debateriam. A vasta extensão geográfica do livro e as cenas ao ar livre, com perseguições alucinantes de carruagens, naufrágios e ciganos a cavalo, são obviamente inadequadas para o palco .[15]

Um exemplo disso é o primeiro discurso de Harker, que abre o prólogo. Em contraste com o desenrolar gradual do horror no livro, o público é empurrado *in medias res* para a sua situação de solidão à porta de Drácula. Harker relata rapidamente a sua viagem sombria com o condutor cujo rosto não viu, e que tem a força de vinte homens, pode comandar lobos e visitar chamas azuis, e o dom do crucifixo e os sinais de proteção contra o mau-olhado (*Dracula: Or The Un-dead*, p. 1). Sylvia Starshine argumenta de forma persuasiva que "rapidamente se torna óbvio que a intenção criativa inicial de dramatizar corretamente o romance rapidamente cedeu lugar ao imperativo de fazer avançar o enredo" (*Dracula: Or The Un-dead*, p. xii). Harker bate à porta a intervalos, queixando-se da falta de atenção do seu anfitrião para com o seu convidado e observando que a sua carreira de advogado começou de uma "forma muito romântica" (*Dracula: Or The Un-dead*, p. 1). David J. Skal classifica solidamente este discurso como "quase uma paródia da exposição melodramática vitoriana" (1997, p. 374). O ambiente aqui criado está, portanto, em nítida contradição com as "dúvidas e medos que se apoderam" de Fernão na sua "aventura

[15] David J. Skal, "His Hour upon the Stage", em Bram Stoker, *Dracula*, ed. por Nina Auerbach e David J. Skal (Londres: Norton, 1997), pp. 371-81 (p. 374)

sombria" que, no romance, parece "um pesadelo horrível" (todos os *D*, p. 25).

O meio cénico tem dificuldade em acomodar as aventuras selvagens documentadas nas extensas narrativas de *Drácula*. Os desafios são apresentados pelas formas em que estas narrativas aparecem. O "formato epistolar e palavroso" do romance (Skal, 2004, p. 41) inclui diários, cartas, recortes de jornais, diários, telegramas, notas, memorandos e um diário de bordo. Há uma grande quantidade de correspondência privada no livro, e a peça de Stoker emprega numerosos apartes para dramatizar momentos em que uma personagem confia um segredo ao papel, como quando Harker repara nos lugares ingleses circulados no atlas de Drácula (*Dracula: Or The Un-dead*, (p. 8-9). Alguns itens são simplesmente lidos em voz alta no palco; Drácula se afasta por um momento, permitindo que Harker divulgue os endereços em seu correio de saída para o público (*Drácula: Or The Un-dead*, p. 12-3). As cartas entre Mina e Lucy, que incluem as propostas de casamento, são reconfiguradas numa conversa que relata a oferta de Seward pela mão de Lucy: Morris e Holmwood aparecem então no palco para a pedir (*Dracula: Or The Un-dead*, p. 25-8). A peça expande a breve intervenção do guarda costeiro no romance para incluir o recorte de jornal que regista a chegada do navio de Drácula, parte do diário de Mina, o diário de bordo que descreve o massacre da tripulação por Drácula e uma parte de uma carta relativa à entrega das suas caixas de terra (*Dracula: Or The Un-dead*, p. 34-8). Por todos os meios acima mencionados, a adaptação de Stoker mantém-se em grande parte fiel ao seu romance, mas sofre por ser demasiado longa e, por isso, pouco digna de ser filmada (Skal, 1997, p. 374).

Drácula: Or The Un-dead pode muito bem ter sido uma produção incompetentemente séria (Skal, 2004, p. 41) em termos da sua fidelidade ao texto de *Drácula*, mas, como já foi indicado, foram feitos cortes. Para além de condensar o capítulo de abertura do livro no primeiro discurso de Harker na peça, não há qualquer relato fortemente sexualizado da sua experiência com as três vampiras. As mulheres limitam-se a declarar a sua intenção de o beijar, e uma direção de cena imediatamente a seguir estipula que uma delas está apenas a apertar os lábios na garganta dele quando Drácula entra (*Dracula: Or The Un-dead*, p. 14). Do mesmo modo, Van Helsing informa Godalming de que tem de espetar uma estaca no coração de Lucy, mas o ato horrível em si não é descrito, nem sequer o beijo que lhe dá depois de o ter feito (*Dracula: Or The Un-dead*, p. 106-7). Da mesma forma, a cena final começa com Van Helsing a anunciar simplesmente que "tornou seguro o Castelo e destruiu aqueles pobres Não-Mortos" fora do palco (*Dracula: Or The Un-dead*, p. 192). Não há qualquer indício do "trabalho de carniceiro" envolvido, ou "o grito horrendo quando a estaca foi cravada; o mergulho da forma contorcida, e lábios de espuma sangrenta" (ambos *D*, p. 477).

O corte de algumas das cenas mais vívidas do romance, com seu conteúdo erotizado e violento, pode ter sido feito em meio a temores de censura. A única cópia existente do manuscrito da peça de Stoker é a que foi submetida ao gabinete do Lord Chamberlain (*Dracula: Or The Un-dead*, p. xii), que licenciava as produções teatrais em Inglaterra (Skal, 2004, p. 40). É digno de nota que Stoker não tenha recebido ordens para fazer quaisquer supressões no seu texto na "moralmente repressiva e orientada para o controlo da Inglaterra vitoriana" (*Dracula: Or The Un-dead*, p. xiii). A peça pode ter-se esquivado a mostrar diretamente a sedução de Harker e a estaca dos vampiros, mas não deixou de fazer referência a estes acontecimentos e, além disso, incluiu descrições literais do batismo de sangue de Mina (*Dracula: Or The Un-dead*, p. 143-7). Como demonstrado no capítulo anterior, este episódio do romance suscitou alguma polémica. Também no manuscrito da peça há uma direção de cena em que "*o Conde levanta Harker que desmaiou e leva-o. Escuridão*" (*Dracula: Or The Un-dead*, p. 15). Isto confirma a suposição de Jonathan no romance de que Drácula o levou para os seus aposentos. A representação aberta da escuridão a cair no palco enquanto um homem jaz indefeso nos braços de outro levanta certamente a questão de um aspeto homoerótico; para Skal, Drácula carrega Harker nesta direção de cena como se ele fosse a sua noiva (1997, p. 375).

O Dracula: Or the Un-dead manuscript tinha o potencial de perturbar o público, tal como o romance se revelaria desagradável para alguns leitores. No entanto, talvez não seja surpreendente que o gabinete do Lord Chamberlain não se tenha ofendido. Apesar de uma crítica admirada no *Bookman* declarar que "Um resumo do livro chocaria e enojaria"[16] , inicialmente o romance foi tratado como um entretenimento inofensivo (Auerbach e Skal, p. 363). Mesmo a mulher do bispo mencionada no capítulo anterior, que via *Drácula* como

[16] Bram Stoker, *Dracula*, ed. por Nina Auerbach e David J. Skal (Londres: Norton, 1997), p. 366

uma alegoria do pecado, declarou que talvez tivesse lido mais na obra de Stoker do que ele pretendia (Glover, p. 4). Outras obras literárias da época tratavam de forma mais realista e direta os temas da degenerescência e da doença venérea de *Drácula*, o que provocava uma censura severa, mas "sob um disfarce sobrenatural [...] quase todos os temas "pouco saudáveis" podiam andar livremente pela Londres vitoriana" (Auerbach e Skal, p. 363). Por conseguinte, uma peça ostensivamente sobre vampiros, com cenas-chave do seu texto de partida cortadas, tinha boas hipóteses de ser aprovada. Outra forma de interpretar a ausência de supressões ordenadas pelo gabinete do Lord Chamberlain é que, quer se temesse ou não a controvérsia, não havia necessidade. Starshine especula que "a peça provavelmente passou pelo sistema de censura com o entendimento de que só seria lida uma vez e nunca seria apresentada perante uma audiência ao vivo" (*Dracula: Or The Un-dead*, p. xii). Stoker tinha de facto ambições genuínas para uma versão teatral do seu romance, mas talvez não na forma de *Dracula: Or The Un-dead*; o seu único objetivo na única representação do manuscrito durante a sua vida era provavelmente assegurá-lo como sua propriedade intelectual.

Só mais de uma década após a morte de Stoker é que os direitos de autor assegurados pela leitura de *Dracula: Or The Un-dead* foi utilizado no teatro. Em 1924, *o Drácula* de Hamilton Deane, autorizado pela viúva de Stoker, fez sua estréia[17] . Ao contrário da adaptação de Stoker, a peça de Deane passa-se inteiramente em Inglaterra, com as secções da Transilvânia meramente relacionadas como narrativa (Stuart, p. 194). Assim, Deane faz cortes significativos no romance, eliminando o que os críticos, incluindo Skal (2004, p. 106) e Stuart (p. 194), consideram justamente entre as melhores e mais espectaculares partes do livro. Estas partes também constroem uma grande parte do horror de *Drácula*. Ao contrário da abordagem de Stoker, que descreve quase toda a ação da história num manuscrito extenso, Deane responde aos desafios físicos e económicos da encenação do romance encurtando-o para três actos (Skal, 1997, p. 377). Deane tinha um orçamento apertado, o que o obrigou a abandonar os seus planos originais de incorporar um prólogo com a cena em que o Drácula animalizado desce as muralhas do castelo (Skal, 2004, p.

[17] Raymond T. McNally e Radu Florescu, *In Search of Dracula* (Boston e Nova Iorque: Houghton Mifflin, 1994), p. 156

106-7).

O Drácula animalizado de Stoker e os seus lacaios parecem ter escapado em grande parte à controvérsia na Inglaterra vitoriana. A peça de Deane foi censurada, com o Lord Chamberlain exigindo que frases como "lábios fedorentos" (*D*, p. 370) fossem removidas (*Dracula: Or The Un-dead*, p. xiii). Deane tinha também a intenção de apresentar uma cena de morte de Drácula mostrando facas a mergulharem no seu coração, com esponjas a fazerem com que o sangue brotasse na parte da frente da sua camisa e o seu rosto desse "uma reviravolta convulsiva e um estremecimento" (citado em Skal, 2004, p. 108), não muito diferente da forma como as vampiras morrem no romance. No entanto, o censor ordenou que a morte de Drácula não fosse mostrada explicitamente e, consequentemente, "cinco homens fecham-se à volta do camarote, tapando completamente Drácula do público, há um movimento do braço de Harker, mas o público não vê nada da morte" (citado em Skal, 2004, p. 108). De forma reveladora, ninguém, para além de Drácula, morre na peça; quase todo o conteúdo violento do romance é omitido, incluindo o empalamento de Lucy (Stuart, p. 205).

Morder e espetar estacas podem ter sido inofensivos num romance vitoriano sobre o sobrenatural, mas a proibição destas acções-chave em 1924 tornou problemática uma peça sobre vampiros. A resposta de Deane aos desafios da censura estendeu-se a dispensar o hálito fétido e as palmas das mãos peludas do Drácula de Stoker, higienizando a sua aparência física animalesca (Stuart, p. 195). Ele reconcebeu o romance como um melodrama convencional de sala de visitas, apresentando uma nova imagem de Drácula em trajes de noite e um manto de ópera (Skal, 2004, p. 106-7). Para além da sua fisionomia monstruosa, um outro grande desafio para um adaptador é o facto de Drácula "ser uma presença fora do palco que nunca interage com as personagens principais em nada que se assemelhe a uma forma normal" (Skal, 1997, p. 377). Uma grande parte do horror construído em *Drácula* é conseguida pelo facto de o vampiro raramente aparecer, mas estar sempre a perseguir, as várias narrativas de medo dos protagonistas. Ao integrar de forma proeminente a sua personagem principal na sociedade londrina, na sua produção, Deane, como afirmava uma crítica contemporânea, sacrifica muito do "horror sinistro" da história (citado em Stuart, p. 196). Drácula tinha simplesmente de ter mais tempo de palco e mais diálogos do que o texto podia proporcionar, e "assim começou uma dicotomia essencial na evolução de *Drácula*, que serviu considerações práticas, dramáticas e comerciais, enquanto trabalhava contra a visão original de Stoker" (Skal, 1997, p. 377).

O legado de *Drácula* foi inevitavelmente modificado pela intervenção da censura e pela consequente adaptação de Deane. Tal como não existe um Drácula bestial, "os elementos sexuais e psicológicos do romance são muito suprimidos" (Stuart, p. 195). Não há vampiros de castelo sexualmente agressivos e dominantes, ou representações horríveis da Nova Mulher numa Lucy metamorfoseada, e não há homossexualidade sugerida ou qualquer cena em que Drácula troque fluidos vitais com Mina (Stuart, p. 205). Em suma, não há nada que perturbe o ego masculino. *O Times* concluiu que "há muito pouco de Bram Stoker neste filme" (citado em Stuart, p. 196). A produção de Deane teve, portanto, de encontrar meios alternativos de criar horror. Anunciou que uma enfermeira estaria presente em todas as actuações para administrar sais de cheiro ou brandy, caso as cenas reputadas como chocantes da peça fizessem os espectadores desmaiar (Skal, 2004, p. 103, 113). Tratava-se de um artifício teatral, em que não só as enfermeiras do átrio, mas também os clientes desmaiados, eram fornecidos pela direção (Skal, 1997, p. 378-9). Deane plantou assim um terror artificial no seu público e utilizou outros artifícios, como ruídos altos e assustadores, incluindo um ator que imitava um lobo usando uma chaminé, um caixão de artifício para fazer com que Drácula desaparecesse no pó (Skal, 2004, p. 105, 111) e um rosto verde para o vampiro (Stuart, p. 195). Apesar das críticas geralmente hostis quando a peça estreou em Londres (Skal, 2004, p. 111), as alterações introduzidas por Deane na obra de Stoker serviram muito bem as considerações comerciais. A peça foi um sucesso imediato e duradouro, gozando de uma das mais longas temporadas da história teatral inglesa quando estreou em Londres, em fevereiro de 1927, apesar do escárnio da crítica (McNally e Florescu, p. 156-7). *Drácula* resistiu no palco, e em breve estava a fazer lotação esgotada, no final desse verão, necessitando de uma mudança para uma sala maior (Skal, 2004, p. 114). Mesmo despojado dos horrores vívidos e perturbadores do romance, o orçamento de Deane para *Drácula* ultrapassou de longe "produções brilhantes que custavam milhares de libras" que "murchavam e morriam após uma semana ou mais no West End" (Stuart, p. 197).

O Drácula de Charles Morrell (1927) tinha como objetivo a fidelidade ao romance de Stoker e, por isso, restaurou as cenas poderosas que Deane aparentemente tinha considerado sensato remover, como a blasfema "amamentação [...] entre Drácula e Mina, e a marcação de Mina com a Hóstia Sagrada" (Stuart, p. 197). Além disso, tal como o esforço original de Stoker na adaptação, a peça de Morrell era "estática e faladora, retendo longos discursos retirados textualmente do romance" (Skal, 1997, p. 378). Por conseguinte, "coloca os elementos de horror com uma mão mais pesada" (Stuart, p. 197). Em forte contraste com o grande sucesso de Deane, a vida dramática de Morrell's *Dracula* foi extremamente breve, com a peça nunca chegando a Londres e nunca sendo revivida (Stuart, p. 197). O gabinete do Lord Chamberlain proibiu a fixação dos lábios em qualquer parte da anatomia e referências a beber sangue; classificou-a como "uma peça repugnante e lamento que alguma vez tenha sido levada ao palco. O objetivo atual parece tornar esta peça horrível ainda mais horrível e repugnante do que era antes" (citado em *Dracula: Or The Un-dead*, p. xiii). Os horrores de Stoker, com o seu leque de possibilidades interpretativas perturbadoras, não podiam ser legitimamente encenados, mas *Drácula* podia perdurar no teatro no tipo de forma que lhe foi dada por Deane.

A mercadoria cultural de *Drácula* era suficientemente versátil para que o romance fosse maioritariamente abandonado e o sucesso fosse alcançado no palco. O seu próximo grande passo foi tomar

América "de assalto, exigindo a formação de companhias adicionais para dar conta da procura de espectáculos" (Bunson, p. 76). Mudanças significativas foram feitas mais uma vez, com John L. Balderston reescrevendo praticamente por completo a peça de Deane (Bunson, p. 76) para proporcionar um ritmo dramático melhorado para o público americano (McNally e Florescu, p. 157). O resultado foi que *o Drácula* de Balderston esteve em cena durante um ano na Broadway e dois anos em digressão, batendo todos os recordes anteriores de digressões teatrais nos Estados Unidos (McNally e Florescu, p. 157). Para além disso, esta adaptação manteve-se imensamente popular, sendo reavivada inúmeras vezes por companhias profissionais e amadoras, incluindo com enorme sucesso na Broadway em 1977 (Bunson, p. 76).

O enorme sucesso e a resistência de Balderston's *Dracula* foram originalmente sustentados por vários componentes-chave. Um fator significativo, como argumentava uma crítica contemporânea, era a sua capacidade de "chocar os espectadores mais convictos que gostam de peças emocionantes - lida com o sobrenatural e não há uma explicação embaraçosa na sua conclusão"[18] . Na peça, Seward mostra-se incrédulo quando Van Helsing sugere que um vampiro é a causa da estranha doença de Lucy, mas Harker declara imediatamente: "Acredito. Esta teoria explica todos os factos que ninguém foi capaz de explicar" (*Dracula: The Vampire Play,* p. 28). A este respeito, a peça de mistério de Balderston era uma novidade dentro do género, com comunicados de imprensa a avisar que lidava francamente com o sobrenatural; contrariamente às convenções de palco prevalecentes, os seus terrores não eram explicados como o resultado de uma má ação humana (Skal, 1997, p. 374).

Os choques sobrenaturais oferecidos na peça de Balderston são apoiados por emoções mais naturais e humanas. As notas de produção aconselham Lucy a usar um negligee semi-revelador nos dois primeiros actos (*Dracula: The Vampire Play,* p. 91, 96). Esta escolha de traje noturno assinala o regresso ao palco dos horrores ambivalentes das mulheres vampirizadas sexualmente avançadas de Stoker. Lucy acaba por rejeitar "Dawn. A maré vazante da vida. Odeio a madrugada. Como é que as pessoas podem gostar da luz do dia? À noite estou realmente viva. A noite foi feita para gozar a vida e o amor" (*Dracula: The Vampire Play,* p. 62). Sublinha-se que, para o vampiro, viver é amar, no escuro. Lucy torna clara a mudança operada nela através dos repetidos encontros noturnos com Drácula, afirmando ao noivo que "Sempre me achaste fria, mas eu tenho sangue nas veias, sangue quente, meu João" (*Dracula: The Vampire Play* , p. 63). Lucy fica assim sexualmente revigorada graças à "coisa maligna que entrou nela" (*Drácula: A Peça do Vampiro,* p. 64). A peça dramatiza uma reação masculina ambígua à sedução, reminiscente do contacto próximo de Jonathan com as três vampiras do romance. Lucy chama Harker para junto de si, e a encenação fá-la zangar-se, usar movimentos de mão "*semelhantes a garras*", depois começar a beijá-lo, aproximar-se dele e estender-lhe os braços, até que, "*triunfante*", se inclina para o morder (*Dracula: The Vampire Play* , p. 62-3). Lucy é a clara agressora nesta cena; Harker, pelo contrário, "*hesita*", "*afasta-se ligeiramente*" dela, "*levanta-se*

[18] Hamilton Deane e John L. Balderston, *Dracula: The Vampire Play in Three Acts* (Nova Iorque: Samuel French, 1960), p. 107 (doravante *Dracula: The Vampire Play*)

rapidamente" e "recua *alguns passos*" (*Dracula: The Vampire Play,* p. 62-3). Harker acaba por "*ir ter com ela, a sua resistência vencida, levado pelo seu ardor*" (*Dracula: The Vampire Play*, p. 63). Esta troca funciona dramaticamente como uma inversão de uma cena anterior, em que uma Lucy enfraquecida e fria evita os avanços de Harker, estremecendo perante os seus beijos e afundando-se no seu abraço (*Dracula: The Vampire Play,* p. 18-9). Através da Lucy de Balderston, os encantos inquietantes das mulheres vampiras de *Drácula* estabeleceram-se no palco. Enquanto em Inglaterra, onde as peças de Deane e Morrell, e possivelmente as de Stoker, caíram em desgraça com o Lord Chamberlain, na América *Drácula* tinha ultrapassado os censores (Skal, 2004, p. 119).

A vampira Lucy de Balderston, com as suas roupas reveladoras e o seu comportamento atrevido, proporciona uma certa atração sexual, o que certamente contribuiu para o sucesso inicial da peça. O seu Drácula, interpretado por Bela Lugosi, proporciona o mesmo. No romance de Stoker, o vampiro masculino possui uma estranha atração pelas suas vítimas femininas; apesar dos "seus lábios fedorentos", Mina relata que "estranhamente, eu não queria impedi-lo" (ambos *D*, p. 370). O Drácula londrino de Deane foi desinfectado de tal animalismo, mas foi

> de meia-idade e maligno; Lugosi apresentava uma imagem bastante diferente: sexy, continental, com o cabelo penteado para trás em couro envernizado e um estranho tom verde na maquilhagem - um amante latino do além-túmulo. Valentino ligeiramente rançoso. Era uma combinação que funcionava e as audiências - especialmente as femininas - apreciavam, e até se afundavam, nos paradoxos românticos (Skal, citado em Stuart, p. 199).

Drácula era assim suficientemente versátil para que o seu arqui-vilão fosse despojado da fisionomia bestial que originalmente sublinhava o seu poder perverso sobre as mulheres; como beleza ou como animal, ele podia cativá-las. Lugosi forneceu a Balderston os meios para reconfigurar o fascínio de Drácula para o palco. No entanto, os horrores centrais do esbatimento das fronteiras entre humano e animal, e entre os sexos, de Stoker, não aparecem na peça de Balderston, sendo substituídos por distinções simples e tranquilizadoras (Stuart, p. 199).

As personagens de Stoker em *Drácula* distorcem os limites do género e da posição evolutiva; no entanto, há também casos perturbadores de indefinição entre as personagens. Logo no início da narrativa, Jonathan descobre que Drácula não está refletido no seu espelho de barbear; confirma que "Toda a sala atrás de mim estava exposta; mas não havia sinal de nenhum homem nela, exceto eu próprio" (*D*, p. 38). Drácula pode ser lido como algo que já espreita dentro de Jonathan, e não apenas como uma ameaça externa; este episódio do romance sugere que ele é o segundo eu primordial de Jonathan (Skal, 2004, p. 59). Como se demonstrou no capítulo anterior, Drácula encarna tendências degeneradas que horrorizavam os homens vitorianos; eles teriam sido rápidos a negar que essas tendências fizessem parte de si próprios. O plano de Drácula no texto é tornar os homens seus através das raparigas que todos amam (*D*, p. 394-5). No entanto, antes de qualquer contacto com o vampiro, Lucy e Mina contribuem para o tema de um segundo eu reprimido que exerce influência. A ideia fantasiosa de Lucy de casar com vários homens é lida como o seu desejo inconsciente de ter sexo com todos eles. No caso de Mina, ela não consegue resistir à tentação de mistificar Van Helsing com a sua estenografia, supondo que "é um pouco do sabor da maçã original que ainda permanece nas nossas bocas" (*D*, p. 236).

O fruto proibido, especificamente a infidelidade, é uma preocupação fundamental em *Drácula*. Jonathan diz o seguinte sobre a vampira que quase lhe cravou os dentes: "Parecia-me, de alguma forma, conhecer o seu rosto, e conhecê-lo em ligação com um medo onírico, mas não conseguia lembrar-me, no momento, de como ou onde" (*D*, p. 53). Esta rapariga é clara, com cabelos dourados e olhos de safira pálida, e abana a cabeça "coquete" (*D*, p. 53). Alguns críticos argumentam de forma persuasiva que Jonathan reconhece na primeira rapariga o rosto e as formas de sedução de Lucy, revelando assim um desejo sexual inconsciente pela amiga da sua noiva; *Dracula* (1985) de Liz Lochhead desenvolve esta ideia latente[19] . A peça de Lochhead junta Mina e Lucy como irmãs. Jonathan mostra a Drácula uma fotografia das duas e o seu anfitrião comenta que

[19] Ann-Kathrin Braun, "From Page to Stage: Narrative Strategies in Lochhead's *Dracula*", *Gothic Studies*, 3:2 (agosto de 2001), 196-210, p. 202

DRÁCULA *Ela* parece-me familiar, quase. Sinto que a conheço. Tem um rosto eslavo, esta... Lucy.

JONATHAN Sim, estou de acordo. Nos primeiros dias neste país, vi a minha cunhada em todas as raparigas que me traziam o jantar - foi muito desconcertante, posso dizer-vos! .[20]

Ao contrário do que acontece no romance, Jonathan deixa claro que vê Lucy nas raparigas da Transilvânia. Ao fazer com que Drácula partilhe este reconhecimento, este episódio reforça significativamente a vaga impressão dada no texto de Stoker de que Jonathan é perturbado por um desejo reprimido por Lucy (Braun, p. 202).

A obra de Lochhead leva os desejos de Jonathan para além de Lucy, abrangendo outras mulheres. Jonathan sente-se tentado pela sua secretária, Miss Bell; descreve-a como "Um pêssego. Uma boneca. Na verdade, ela é bastante deliciosa..." (*Drácula*, p. 81). Além disso, referindo-se a uma passageira assustada na sua viagem, conta que "a abraçou. Para conforto humano, compreende, para a acalmar como se faz a uma criança!" (*Drácula,* p. 95); ele protesta demasiado a sua inocência. Volta a trair-se quando a nova criada de Mina e Lucy, Florrie, "*muito jovem e muito bonita*", pergunta

FLORRIE Perna ou peito, Sr. Jonathan?

JONATHAN Pardon?

FLORRIE O frango, senhor. Perna ou peito?

JONATHAN Breast. Não. Perna. Perna. Peito. . . . Acho que... emm... posso comer um bocadinho de cada, por favor, Florrie?

[...]

[20] Liz Lochhead, *Mary Queen of Scots Got her Head Chopped off* & *Dracula* (Londres: Penguin, 1989), p. 91 (a seguir designado por *Drácula*)

FLORRIE Um pouco mais, Sr. Jonathan?

MINA Por agora é tudo, obrigada, Florrie!

LUCY Saucy!

JONATHAN (*sobrepondo-se ao comentário de Lucy)* Este molho tem um cheiro absolutamente delicioso.

(*Drácula*, p. 83-4)

A peça constrói o desejo de Jonathan por outras mulheres que não Mina, em preparação para a sua cena com as vampiras. Desesperado por ter de ficar no castelo ou arriscar-se com os lobos, ajoelha-se e chama o nome de Mina três vezes (*Drácula*, p. 99). Com uma ironia dramática, as três vampiras aparecem como que em resposta a este chamamento: "*Em vestidos de noiva rendados, esfarrapados e acastanhados, e até ligeiramente manchados de sangue, como más paródias dos de Mina* [...] *São reconhecidamente* A SRA. MANNERS [...] *e* FLORRIE *e lideradas por* LUCY" (*Drácula*, p. 99). Um público perspicaz não deve ficar surpreendido com o facto de duas das vampiras serem identificáveis com a irmã mais nova e a criada da noiva, dada a atração implícita que sente por elas. No entanto, a terceira mulher que ele cobiça, Miss Bell, não aparece como o público poderia plausivelmente esperar. Em seu lugar aparece a empregada de Mina e Lucy, Mrs. Manners, por quem Jonathan não manifestou qualquer desejo. Isto sugere que ela pode ser uma fantasia inconsciente de Jonathan; juntamente com visões vampíricas de outras mulheres que ele deseja mais ou menos conscientemente, a sua presença é significativa numa "situação pervertida e geradora de ansiedade" (Braun, p. 202). Estes efeitos são maximizados pela inclusão da Sra. Manners, uma vez que toda a casa feminina de Mina é assim apresentada a Jonathan num cenário erotizado. O que Jonathan considera diferente e perturbador nos vampiros é o facto de serem demasiado familiares, demasiado próximos de casa, e "o texto mostra como o Outro estranho nunca provém de um castelo estrangeiro horrível, mas reflecte o nosso próprio desejo abjeto, impossível, mas [...] eficaz" (Braun, p. 201, 203). O objeto do desejo de Jonathan é confirmado quando as suas tentadoras perguntam

VAMPIROS que . . .

(É um sussurro de horror erótico. Ele geme.)

JONATHAN Lucy?

(*Drácula*, p. 100)

A direção de cena capta na perfeição a ambivalência da resposta de Jonathan às mulheres do texto de Stoker. A peça de Lochhead responde ao desafio da forma epistolar do romance substituindo o diário de Jonathan por uma cena em que Van Helsing o hipnotiza com a presença de Mina; em transe, ele deixa claro que reconheceu uma das vampiras como Lucy (*Drácula*, p. 128). Mais tarde, admite a Mina que, de facto, queria as três mulheres (*Drácula*, p. 146).

A adaptação de Lochhead liberta-se dos constrangimentos impostos pela censura às versões anteriores de *Drácula*, permitindo-lhe ampliar e multiplicar os apetites ilícitos que permeiam o romance de Stoker. Tal como Jonathan sente desejos por Lucy, também ela sente por ele. Desde o início, a Nova Mulher Lucy é actualizada para ser muito mais atrevida e provocadora. Com a chegada iminente de Fernão, ela passeia num baloiço em roupa interior, provocando Mina com a ideia de que talvez não se vista e que, em vez disso, lhe dará um susto e uma visão inesquecível, deixando-o a olhar para ela nas suas cuecas (*Drácula*, p. 73-4). Ela faz uma sugestão picante de que Mina deveria dar ao noivo algo para se lembrar dela quando ele se for embora (*Drácula*, p. 74), um toque irónico, dado que Lucy aparece fortemente nos pensamentos de Jonathan nas cenas da Transilvânia. A Lucy de Lochhead cheira a feminismo mais sério, em comparação com a figura satirizada e suprimida da Nova Mulher do romance. Tendo começado a menstruar, rejeita a oferta simpática de Florrie de se deitar com chá de ervas e uma garrafa de água quente, exclamando que "Temos de aprender a não ceder a essas fraquezas! Exercício! [...] Calistenia sueca! E nada de lamúrias ou os cavalheiros nunca nos tratarão como iguais" (*Drácula*, p. 103). Não se trata apenas de um apelo à igualdade entre os sexos: implicitamente, também ultrapassa as fronteiras de classe, uma vez que se trata de uma senhora a falar com a sua criada. Isto é imediatamente reforçado quando Florrie conta a história de uma rapariga que estava grávida sem o saber, o que provoca gargalhadas histéricas até às lágrimas, não só de Lucy, mas também da supostamente recatada Mina (*Drácula*, p. 103). Um pouco mais tarde, Lucy chega mesmo a perguntar a Florrie sobre a sua vida sexual (*Drácula*, p. 108-9). As mulheres de Lochhead, incluindo as pobres criadas, são assim desenhadas com grande simpatia e individualidade, e *o jornal The Guardian* elogiou justamente a peça por mergulhar abaixo da superfície da história de Stoker, numa tentativa de casar o seu imaginário com as ideias modernas sobre a sexualidade das mulheres (citado em Stuart, p. 204).

O romance utiliza o esbatimento e a quebra de fronteiras principalmente para construir o horror no imaginário masculino contemporâneo. A peça de Lochhead expande este tema explorando livremente as perspectivas femininas sobre as questões em jogo no livro, incluindo as da igualdade entre sexos e classes sociais, demonstrando a versatilidade de *Drácula* como mercadoria cultural. Também faz alusão ao homoerotismo, com Drácula "feliz por . . . fazer de criado de quarto, ou de camareiro, como queiram" (*Drácula*, p. 95) e à xenofobia, com a abordagem de Jonathan ao almoço de domingo "sem sujidade estrangeira" (*Drácula,* p. 123). *O Drácula* de Lochhead consegue agarrar a essência do material de Stoker, apesar de uma série de fracas adaptações cénicas, elas próprias duradouras, mas prejudicadas pela censura (Stuart, p. 207). O seu feito é mudar o ambiente da história do horror para a tragédia, não apenas no caso de Lucy, como Stoker planeou na sua peça, mas também no que diz respeito a Drácula (*The Guardian,* citado em Stuart, p. 205). No romance, apesar do que sofreu às suas mãos, Mina fica contente por ver o último olhar de paz no rosto do vampiro antes de ele se desfazer em pó (*D*, p. 484). A adaptação de Lochhead desenvolve de forma pungente a reação de Mina, uma vez que ela

> *está de joelhos a soluçar. Pelo* ARTUR*? Não - provavelmente pelo* DRÁCULA*. De qualquer modo, muito ambíguo...)*
>
> MINA Oh, meu amor!
>
> (*Drácula*, p. 145)

Um desafio para os adaptadores mais recentes é manter a popularidade e o fascínio de *Drácula* junto do público moderno, uma vez que o conteúdo do romance já não é tão controverso que atraia a censura generalizada. Reinventar a relação entre Mina e Drácula como uma trágica história de amor é uma forma de o fazer, e serve de inspiração para os realizadores.

CAPÍTULO 3

"SIM, EU TAMBÉM POSSO AMAR

O Drácula de Stoker refuta a afirmação feita por uma das suas filhas vampiras de que ele nunca ama; afirma que "vós próprios o podeis dizer pelo passado. Não é assim?" (*D*, p. 55). Esta alusão a uma história romântica não é desenvolvida, mas complica uma figura que gera um horror intenso. Este indício intrigante permite aos adaptadores, incluindo Lochhead, reavaliar as relações entre Drácula e aqueles que estão sob o seu poder. Ao utilizar uma fotografia de Lucy e Mina, a peça de Lochhead afasta-se de *Drácula*, envolvendo-se numa tradição iniciada pela mais antiga adaptação existente fora da obra de Stoker, o filme mudo alemão *Nosferatu* (1922), em que a imagem de uma determinada mulher alimenta o apetite do vampiro .[21]

Hutter, inadvertidamente, dá ao vampiro uma boa olhadela ao "belo pescoço" da sua mulher Ellen, o que estimula o Conde Graf Orlok na sua viagem a Wisborg. Ao chegar, instala-se à janela da sua propriedade recém-adquirida, com o olhar fixo na casa em frente. No entanto, *Nosferatu* é mais do que este enredo superficial. O filme de Friedrich Wilhelm Murnau dá maior importância a uma cena adaptada do romance, em que Jonathan se corta acidentalmente (*D*, p. 38). Jonathan é salvo pelo seu crucifixo: Hutter, apesar de arrancar o dedo quando Orlok tenta lamber o sangue e recua horrorizado, está firmemente sob o controlo do vampiro, sentando-se como uma marioneta ao seu mero gesto e ficando acordado até depois da meia-noite com ele. Este episódio do filme explora assim as ambiguidades de *Drácula* para explorar muito mais o tabu social do amor homoerótico (comentário do DVD). Para reforçar esta leitura, Hutter escreve nesse dia à sua mulher, revelando uma necessidade culpada de explicar os sinais do seu encontro como picadas de mosquito. Um grande plano mostra Hutter a examinar as marcas num espelho e a esboçar um grande sorriso. Os espelhos são usados em todo o filme para representar a dualidade (comentário do DVD), e esta imagem é lida como a aprovação de Hutter de um lado recém-descoberto de si próprio.

---

[21] *Nosferatu*, dir. por F. W. Murnau (Prana-Film, 1922) [em DVD]

As personagens de *Nosferatu* são unidimensionais, construídas para representar fragmentos exteriorizados de uma personalidade (comentário em DVD). No caso de Hutter, ele é como uma criança grande e desajeitada, usando movimentos exagerados para compensar alguma falta; ele é ineficaz durante todo o filme (comentário em DVD). *Nosferatu* utiliza pistas simbólicas para sugerir que o seu casamento com Ellen não está consumado; ele leva-lhe flores, que no solo significariam fertilidade (comentário em DVD). No entanto, Ellen fica horrorizada e pergunta: "Porque é que as mataste... as belas flores...? '; o que ele lhe dá é morte e esterilidade, temas importantes do filme. Depois desta gafe, apressa-se a sair, aparentemente para trabalhar; no entanto, pelo caminho, encontra-se com Bulwer, que o aconselha a não se apressar, assegurando-lhe que "ninguém pode escapar ao seu destino". De facto, ele pode estar com pressa para se afastar de Ellen; decide ir para a Transilvânia, fugindo aos seus votos de casamento (comentário do DVD).

Bulwer tem razão, na medida em que Hutter se encontra encurralado no seu quarto, destinado a confrontar o Orlok que se aproxima (comentário do DVD). *Nosferatu* responde aos desafios significativos da adaptação de um romance vitoriano extenso e bastante prolixo para um filme mudo, excisando "tudo exceto o visual, metafórico e mítico" (Skal, 2004, p. 83). Um intertítulo informa o público de que o vampiro tem origem "na semente de Belial" e vive em lugares escuros "cheios de terra maldita dos campos da Peste Negra". O guião manteve o nome de Stoker para o navio que transporta o vampiro, *Demeter*, a deusa grega da fertilidade (Auerbach e Skal, p. 79). Orlok viaja na barriga ou no ventre deste navio (comentário do DVD). Orlok é construído através de imagens reprodutivas e sexuais. Isto não é ilustrado de forma mais evidente do que a bordo do navio, onde "o vampiro sai do seu caixão cheio de ratos como um obsceno jack-in- the-box, uma imagem que sugere simultaneamente ereção, pestilência e morte" (Skal, 2004, p. 86). Um desafio para os adaptadores é o facto de, durante grande parte do romance, Drácula estar imóvel em caixas de terra, "como se toda a terrível criatura estivesse simplesmente empanturrada de sangue; estava deitado como uma sanguessuga imunda, exausto com a sua repleção" (*D*, p. 71). *O Nosferatu* anima este horror fálico horizontal, pondo-o na vertical para que todos o vejam. Orlok é caracterizado por movimentos que sugerem rigor mortis; além disso, porém, ele surge como um falo ambulante, exibindo sinais abundantes e espectaculares de uma sexualidade agressiva, com as suas unhas compridas e pontiagudas, uma forma eficaz de deslocar o sinal fálico .[22]

Orlok personifica o que falta no casamento de Ellen; ele é o amante que Hutter parece tão relutante em ser (Dadoun, p. 37). Hutter acorda horrorizado na manhã seguinte à visita de Orlok ao seu quarto e investiga, acabando por encontrar o caixão do vampiro. *Nosferatu* encena o enredo habitual dos romances góticos, a exploração de uma velha casa ou castelo de cima a baixo; em termos freudianos, os andares superiores representam o superego e o ego de Hutter, e na cave espreita o seu perturbador id animal, Orlok (comentário do DVD). O romance sugere subtilmente que Drácula não reflecte nada porque é o segundo eu reprimido de Jonathan; *Nosferatu* constrói Orlok como o doppelganger de Hutter (comentário em DVD). O desejo enterrado de Hutter assusta-o e ele foge aterrorizado, mas é inútil fugir de uma parte do seu eu.

O que Ellen lhe exige sexualmente é uma fonte de horror para Hutter; ela quer que o seu marido infantil e cobarde se torne um "verdadeiro amante" (comentário no DVD). Ao contrário das adaptações teatrais discutidas no segundo capítulo, *Nosferatu* não tem vampiras sedutoras em si. No entanto, Ellen é uma femme fatale para Orlok (McNally e Florescu, p. 172); ela aprende que "ninguém te pode salvar, a não ser que uma donzela sem pecado faça o Vampiro esquecer o primeiro canto do galo - se ela foi capaz de lhe dar o seu sangue de livre vontade". Orlok é poderoso e monstruoso, mas o desempenho de Max Schreck dá-lhe um sentido de dignidade, que pode até fazer com que pareça simpático (comentário do DVD). A perseguição imprudente do vampiro pelo seu amor destrói-os a ambos, uma ação própria de um herói trágico. Ellen sacrifica a sua vida para proteger Wisborg, "como uma mulher idealizada, uma salvadora tipo Madonna"[23] . Por outro lado, o poder mortífero da sexualidade feminina é exibido através das experiências de Bulwer com "a armadilha para moscas de Vénus e a Hidra, uma planta e um animal cujas fisionomias e hábitos alimentares recordam, literalmente, a convenção mítica da *vagina dentata*" (Brown, p. 277). Os dentes e os lábios dos vampiros de Stoker, que tanto

---

[22] Roger Dadoun, 'Fetishism in the Horror Film', em James Donald (ed.), *Fantasy and the Cinema* (Londres: British Film Institute, 1989), pp. 39-62 (p. 54-5)

[23] Jake Brown, 'Draculafilm: "High" and "Low" Until the End of the World", em Carol Margaret Davison (ed.), *Bram Stoker's Dracula: Sucking through the Century, 1897-1997* (Oxford: Dundurn Press, 1997), pp. 269-82 (p. 277)

perturbam os papéis sexuais e de género no romance, são aqui deslocados para o mundo natural. A *vagina dentada* no folclore e na fantasia simboliza os perigos das relações sexuais e os medos da castração[24] . *Nosferatu* faz sentido quando lido à luz destes perigos e medos. Hutter foge da mulher e do seu casamento não consumado: o seu lado sexual é despertado, sob a forma do fálico Orlok, que se move na direção oposta, em direção a Ellen, mas a sua penetração nela sela a sua destruição. De igual modo, a maquilhagem de Orlok é construída como um trocadilho visual com a *vagina dentata*; a sua boca faz lembrar um grande plano da armadilha de Vénus (Brown, p. 277), e mata Ellen.

A posição dos dentes de Orlok associa-o à pestilência que ele traz (comentário do DVD). É "uma figura careca e encurvada, com orelhas pontiagudas, dentes de rato, nariz de gancho e unhas sempre crescentes em mãos que ele balança à sua frente como patas"[25] . Esta apresentação contrasta fortemente com a tradição cénica de Deane e Balderston, em que Drácula é despojado de animalismo, vestido com roupa de noite e tornado fisicamente apelativo. Tal como o censor inglês proibiu uma representação dramática fiel do arqui-vampiro do romance, também condenou *Nosferatu* como "demasiado horrível" (Skal, 2004, p. 100). No entanto, no continente, Murnau foi capaz de libertar uma criatura de malevolência indisfarçável; o seu Orlok "enfatiza a natureza monstruosa de Drácula, tornando-o verdadeiramente um monstro" (Brown, p. 275). O Drácula de Stoker é investido com as caraterísticas de uma variedade de animais; *Nosferatu* usa-as seletivamente, concentrando-se em retratar Orlok como "um verme humano, uma personificação da doença e da morte pela peste" (Stuart, p. 219).

O facto de *Nosferatu* passar de bestial a verminoso revela porque é que uma adaptação de *Drácula* surgiu na Alemanha em 1922. Orlok e a sua praga foram inicialmente entendidos como metáforas do mal-estar da alma alemã durante e após a Primeira Guerra Mundial; o próprio desenhador de produção do filme comparou o conflito a um vampiro cósmico que descia para beber o sangue de milhões de pessoas (Skal, 2004, p. 88). Os críticos interpretaram as personagens masculinas fracas ou impotentes do cinema alemão contemporâneo, como o emasculado Hutter, como indicativo da frustração e da raiva

---

[24] Richard Holden (ed.), *OED Online* http://www.oed.com [acedido em 18 de outubro de 2013]

[25] Mark Neocleous, "Gothic Fascism", *Journal for Cultural Research*, 9:2 (abril de 2005), 133-49, p. 145

sentidas pelo povo alemão perante a sua derrota (comentário do DVD). *Nosferatu* também foi interpretado como um ataque à inteligência de toda uma classe. Um jornal marxista considerou-o como propaganda, financiada pela indústria para amortecer as mentes dos trabalhadores, envolvendo-os "num nevoeiro sobrenatural", desviando-os dos seus objectivos políticos (Skal, 2004, p. 88-9).

Mark Neocleous classifica *Nosferatu* como um desvio do "trabalho habitual de Murnau na produção de filmes de propaganda para o esforço de guerra alemão", mas prossegue provando que isso não é verdade (p. 145). Lançado entre as guerras mundiais, o filme pode ser confortavelmente alinhado com o objetivo político dos nazis de demonizar os judeus. A apresentação física de Orlok *em Nosferatu*

> assemelha-se suspeitamente ao estereótipo alemão contemporâneo do judeu, com [...] dedos agarrados [...] alarmantemente próximo do retrato do judeu em *O Eterno Judeu* (1940), de Fritz Hippler, um filme de propaganda nazi extremamente perturbador em que os judeus são explicitamente descritos como vermes criminosos que têm de ser expurgados da sociedade para que a "civilização" possa sobreviver (Brown, p. 276).

Hitler centrou-se em termos como "sugador de sangue" e "vampiro do povo" para identificar o judeu (Dijkstra, citado em Neocleous, p. 147). *Drácula*, com o seu horror carregado de colonização parasitária inversa por uma raça degenerada, encaixava bem; uma adaptação cuidadosa poderia servir a causa fascista. No entanto, para demonstrar a versatilidade de *Drácula* como mercadoria cultural, Orlok foi lido como o judeu estereotipado de Shakespeare, "um Shylock dos Cárpatos, bem como uma antecipação cinematográfica de Hitler" (Skal, 2004, p. 86). De facto, o romance veio a desempenhar um papel na propaganda dos Aliados durante a Segunda Guerra Mundial; foram distribuídas cópias gratuitas às tropas americanas no estrangeiro para cimentar a equação do nazi cruel e huno com o Drácula cruel e huno (Leatherdale, citado em Brown, p. 281).

Horror of Dracula (1958), da Hammer Film Productions[26] , a primeira de uma série de adaptações, também suscitou interpretações contraditórias. A leitura de Stuart do romance é descuidada, reduzindo-o a uma mera misoginia (p. 228): Nina Auerbach, no entanto, defende de forma convincente a existência de uma história de transformação e capacitação feminina nas entrelinhas de *Drácula* (citado em Skal, 2004, p. 55). Estes críticos também se dividem nas perspectivas feministas sobre o filme da Hammer.

Horror of Dracula utilizou o estilo da casa Hammer de rica fotografia Technicolor, enquanto os filmes de terror anteriores tinham sido a preto e branco (Stuart, p. 226). Isto prometia possibilidades visuais mais vivas do que *Nosferatu*; para Auerbach, a decoração de cores vivas era "uma evocação luxuosa de sensualidade mal contida"[27] . Os filmes da Hammer abordavam o seu tema de forma mais direta do que os seus antecessores, com uma "nova receita lúgubre de seios salientes, sangue a pingar e presas eréteis" (Skal, 2004, p. 262). Stuart alinha *Horror of Dracula* e a sua progénie com a hipocrisia e o sexismo da revolução sexual dos anos 60, "como se o vampiro estivesse fixado em seios e não em gargantas" (p. 228). No entanto, o que Stuart não vê no primeiro filme é a sua apresentação de "mulheres exaltadas, excitadas nem pelo marido nem pelo vampiro" numa época que procurava ferozmente implantar nelas valores familiares patriarcais e nenhuns outros (Auerbach, 1997, p. 395). Auerbach observa com perspicácia que nunca se vê Drácula a entrar no quarto de Lucy e que a sequência se desvanece numa janela aberta: Lucy acaricia autoeroticamente as mordidelas no pescoço, sugerindo vampirismo, mas o foco está numa mulher sozinha, abrindo a janela para o seu eu adulto (1997, p. 394). Da mesma forma, Drácula nunca é visto a tocar em Mina. Ela "regressa a casa a brilhar, agarrada à coleira de pele [...] Num grande plano espirituoso, sorri deliciosamente e aconchega-se na pele, parecendo acariciar o seu eu animal [...] uma infusão de prazer próprio, não de prazer em Drácula" (Auerbach, 1997, p.

394-5). Stuart erra na sua generalização de que não é possível qualquer envolvimento emocional com as mulheres da Hammer (p. 228). Pelo contrário, Auerbach apresenta um argumento convincente para outras jovens mulheres como ela nos anos 60, que adoravam

[26] *Horror of Dracula*, dir. por Terence Fisher (Hammer Film Productions, 1958)
[27] Nina Auerbach, "Vampires in the Light", em Bram Stoker, *Dracula*, ed. por Nina Auerbach e David J. Skal (Londres: Norton, 1997), pp. 389-404 (p. 396)

os filmes da Hammer mas não sabiam bem porquê; admite, no entanto, que os "sorrisos de descoberta excitada de Lucy e Mina eram surpresas subliminares num desperdício de bimbas espetadas" (1997, p. 396).

As estacas no romance, como discutido no primeiro capítulo, foram interpretadas como violência fortemente sexualizada pelos críticos, e essas leituras inspiraram a Hammer e perturbaram os censores de filmes. Em 1966, *Dracula: Prince of Darkness (Drácula: Príncipe das Trevas)*, de 1966, quarenta e dois anos depois da censura da estaca de Drácula na peça de Deane, a British Board of Film Classification (BBFC) proibiu filmagens de estacas a penetrar vampiros, mesmo em silhueta (Skal, 2004, p. 265). Seja qual for a natureza das objecções da BBFC, a Hammer já tinha desafiado o seu édito com episódios gráficos de estacas em *Horror of Dracula*. Uma das vítimas é uma residente do castelo de Drácula, cujo traje revelador mostra os seus seios a empurrarem para cima em direção a Harker, ao mesmo tempo que a sua respiração, enquadrando um plano anterior à sua estocada. Ela reage com o "grito hediondo e sanguinário" do romance (*D*, p. 277). No entanto, significativamente, ao contrário do que acontece em *Drácula*, ela é transformada numa mulher velha e enrugada; a sua juventude e sexualidade foram extintas. Esta cena de encenação foi filmada em três versões diferentes para os censores de vários países (Stuart, p. 226), indicando os desafios da adaptação, mesmo para uma produtora tão ousada como a Hammer.

A Hammer podia ser descarada ao recusar-se a fazer cortes ordenados pelos censores, e quando uma cena era abafada num país, podia ser ressuscitada noutro (Skal, 2004, p. 265). *Drácula* perdurou sob a forma dos filmes da Hammer durante quinze anos. Este sucesso baseou-se no desdém pela autoridade, espelhado em audiências jovens que atingiam a maioridade numa década particularmente rebelde e macabra, e os filmes, por sua vez, reflectiam e refractavam as tensões culturais da revolução sexual e da Guerra do Vietname (Skal, 2004, p. 265). Como já foi demonstrado, Drácula podia funcionar no âmbito da propaganda de lados opostos de grandes conflitos e podia estar à espreita numa dada cultura, por muito que isso dependesse de o construir como um agressor externo. As audiências contemporâneas poderiam considerar se a superpotência à qual a sua nação estava aliada, ou o inimigo percepcionado, se assemelhava mais a Drácula, "um símbolo clássico de agressão internacional sangrenta" (Skal, 2004, p. 265). Tal como o romance fez no fin-de-siècle, os filmes da Hammer apresentaram um Drácula que cultivava o inimigo interior, mulheres que fugiam aos papéis familiares restritivos dos anos 50; *Horror of Dracula* expôs os espectadores inquietos a um futuro mais colorido (Auerbach, 1997, p. 395).

O caixão de Drácula é descoberto em *Horror of Dracula* na cave dos Holmwoods, confirmando que o vampiro é "a emanação, e não o inimigo, da família" (Auerbach, 1997, p. 393). Este toque freudiano (Stuart, p. 226) faz lembrar a auto-descoberta de Hutter em *Nosferatu*. Como sempre, Drácula tem de ser suprimido para salvaguardar a ordem doméstica idealizada. No entanto, no início do filme, quando Drácula e a vampira jazem imóveis à mercê de Harker em caixões abertos, este opta por espetar uma estaca na mulher, apesar de a sua narrativa deixar claro que o seu objetivo é destruir Drácula. Tal como em *Nosferatu* e na peça de Lochhead, a personagem que viaja para o castelo leva consigo uma imagem da sua amada. No entanto, ao contrário do que acontece nessas adaptações, Harker conhece a ameaça que Drácula representa desde o início e, no entanto, antes da cena com os dois caixões, mostra a fotografia da sua noiva Lucy à vista de todos e dá-lhe o seu nome completo. Na presença de Harker, Drácula pronuncia Lucy como "Charming, charming". Isto pode ser um ponto fraco do argumento, ou Harker pode simplesmente estar extremamente confiante no cumprimento da sua missão. Em todo o caso, é uma loucura ele espetar a estaca na vampira; isso acorda Drácula, que encurrala e vampiriza Harker, parte o vidro para tirar a fotografia de Lucy e a persegue para substituir a mulher espetada, e por sua vez persegue Mina depois de Lucy ter sido espetada. Todos pagam um preço terrível pela decisão de Harker e, embora possa parecer insensata, pode ser lida em termos do seu veredito no romance, de que Drácula é o menos terrível dos habitantes do castelo. *Horror of Dracula* implica que a mulher é a maior ameaça. A leitura correta de Auerbach sublinha que, enquanto no romance a vampira Lucy se alimenta de rapazinhos, neste filme ela leva Tania para a floresta; procura espalhar o vampirismo e subverter outras mulheres (1997, p. 397). Holmwood está preocupado com o facto de Lucy "contaminar" outras crianças se não for espetada numa estaca; isto pode ser lido num sentido político. Drácula, nos filmes da Hammer, era uma "força desestabilizadora com a qual se podia sempre contar para subverter o status quo abafado e trazer a excitação vampiresca para as vidas espartilhadas da classe média" (Skal, 2004, p. 265). Em *Horror of Dracula*, ele procura vingança sempre que uma mulher libertada do controlo patriarcal lhe é retirada pelo establishment com as suas estacas. No filme, a sede de sangue do vampiro não é não provocada; começa com uma mulher que ele perdeu.

O amor nunca morre

Os cartazes publicitários de *Bram Stoker's Dracula* (1992), de Francis Ford Coppola, tinham este slogan. Nas adaptações de Lochhead e Murnau, e em *Horror of Dracula*, há uma componente amorosa entre vampiro e vítima: no filme de Coppola, ela domina visivelmente. Antes de retratar qualquer parte do romance, o filme insere um prólogo. Drácula, governante da Valáquia no século XV, é roubado da sua princesa, Elisabeta, por tropas turcas que dão falsas notícias da sua morte; ela suicida-se[28] . Ao descobrir que a recompensa por defender a Sua Igreja é a perda da sua noiva, Drácula renuncia a Deus e crava a sua espada numa cruz de pedra, que sangra; bebe a essência derramada, jurando erguer-se da sua própria morte e vingar a de Elisabeta "com todos os poderes das trevas". Stoker obteve o nome para o seu vampiro a partir deste Drácula histórico (Miller, *Dracula: Sense and Nonsense*). O grande número de anteriores reelaborações de *Drácula* desafiou os adaptadores posteriores a fazerem algo diferente; *Bram Stoker's Dracula* desenterra mais do passado folclórico do verdadeiro Drácula para renovar o mito de Stoker (Glover, p. 140).

Drácula foi renovado sob a forma de uma história de amor trágica e convencional entre um príncipe e uma princesa, que teve origem no argumento de James V. Hart; o estúdio insistiu muito neste elemento romântico, desafiando a própria abordagem de Coppola (Skal, 2004, p. 281). O próprio realizador observa que o filme gozou de uma popularidade especial junto das mulheres (DVD), o que certamente contribuiu para que se tornasse "um êxito absoluto de bilheteira" (Brown, p. 273). Coppola continua a tradição cinematográfica de usar uma imagem da amada do visitante inglês como catalisador da ação, dando significado à sugação de sangue de Drácula. No entanto, no *Drácula de Bram Stoker*, a reviravolta é que Mina é representada como Elisabeta reencarnada; uma atriz desempenha os dois papéis. Coppola alinha o seu filme com a ideia de que um homem ama a mesma

[28] *Bram Stoker's Dracula Collector's Edition*, realizado por Francis Ford Coppola (Columbia Pictures, 1992) [em DVD]

mulher toda a sua vida; ela apenas aparece sob diferentes formas (DVD). Drácula está convencido de que o destino o conduziu a Mina. Essa descoberta transtorna o seu mundo. Pode reencontrar Elisabeta sob a forma de Mina, mas tragicamente há muito que a deu como perdida para sempre; abandonando Deus e entregando-se às trevas, deve continuar a ser um vampiro e fazer o que um vampiro faz. Para além das palavras do romance que encabeçam este capítulo, Drácula jura amar de novo. Procura ter o seu bolo e comê-lo; a sua dualidade é representada no filme, quando, durante o dia, ele namora com Mina disfarçado de homem, o Príncipe Vlad, protegendo-a da sua besta interior e transformando-se à noite para saciar a sua sede fortemente sexualizada em Lucy (Stuart, p. 232). Mina, como Elisabeta renascida, já está efetivamente casada com Drácula[29] . Harker, no romance, é apenas o advogado que efectua a mudança do vampiro para Inglaterra: neste filme, ele é apresentado como um rival que impede o reencontro entre os amantes, que se arrasta há séculos.

Harker sobrevive à sua provação na Transilvânia e escreve a Mina, que abandona Drácula para se casar com o seu noivo. A dor de Drácula transforma-o literalmente num monstro, uma vez que as suas lágrimas derretem o seu rosto humano, revelando o vampiro que se encontra por baixo. É apenas quando Drácula é desprezado e injustiçado que o seu horror se revela por completo. Até este ponto da narrativa, alimentou-se de Lucy para se sustentar (LeBlanc, p. 264), mas agora, aparentemente depois de ter perdido Elisabeta pela segunda vez, transforma Lucy num vampiro. A vingança jurada de Drácula contra Deus e as Suas criaturas recomeça quando Mina retira o seu amor. Tal como foi discutido nos capítulos um e dois, a cena da conversão de Mina em vampiro no romance é uma imagem violadora de uma besta que se interpõe fisicamente entre marido e mulher, apesar de ela, estranhamente, não o querer impedir. Em contraste, o filme de Coppola retira Harker desta situação, colocando-o como o intruso quando os homens invadem a casa para perturbar o casal. O que eles invadem é uma reconciliação profundamente romantizada. Drácula confessa a sua verdadeira identidade e, apesar de ter assassinado o seu melhor amigo, Mina professa o seu amor eterno por ele. Ele começa a sangrar-se por ela, mas ama-a demasiado para completar o processo. Mina, no entanto, não se importa e continua a

---

[29] Jacqueline LeBlanc, "'It is not good to note this down": *Dracula* and the Erotic Technologies of Censorship", em Carol Margaret Davison (ed.), *Bram Stoker's Dracula: Sucking through the Century, 1897-1997* (Oxford: Dundurn Press, 1997), pp. 249-68 (p. 264)

chupar com vontade; terminam num terno abraço.

A apresentação alternativa da relação de Drácula e Mina em Drácula *de Bram Stoker* permite ao público ler o vampiro como um estranho que é tragicamente perseguido até à sua destruição porque não consegue deixar de amar. Assim, simultaneamente, convida-nos a questionar as acções dos caçadores de vampiros, que Van Helsing admite terem "todos se tornado loucos de Deus". O leitor implícito do romance de Stoker fica horrorizado com o invasor estrangeiro; Mina supõe que "se deveria ter pena de qualquer coisa tão caçada como o Conde", mas essencialmente descarta essa hipótese porque ele não é humano (*D*, p. 293). O filme usa o amor para retratar um Drácula atormentado e humanizado, invertendo a ênfase do livro no monstruoso e trazendo-o "para mais perto de nós" (Glover, p. 149). A incapacidade de Drácula para aceitar a perda de Elisabeta, dramatizada pela sua perseguição da sua imagem, Mina, revela-se fatal. A compaixão pelo vampiro é representada na história de amor de Coppola através da construção de Drácula como um romântico condenado; Jake Brown identifica de forma convincente o modelo para leituras de uma "simpatia byroniana pelo diabo" como o Satanás de Milton em *Paradise Lost* (p. 273-4). O filme dispensa a desafiadora forma epistolar de *Drácula*, em que uma lenta acumulação de provas cria horror nas mentes dos protagonistas e permite-lhes gradualmente compreender e derrotar Drácula (Glover, p. 140-1). Em vez disso, Coppola desmistifica a narrativa desde o início, mostrando como Drácula se tornou vampiro, racionalizando as suas acções; uma narração omnisciente também evita qualquer sentimento de horror pelo facto de a luz do sol não destruir de facto os vampiros (Glover, p. 140-1).

O tratamento que *Bram Stoker* dá ao romance *Drácula* transforma-o de horror gótico em melodrama religioso, em que o que está em causa é a redenção do vampiro, e não o seu exorcismo (Glover, p. 141). A infusão de uma história de amor na obra de Stoker é a chave para a reinventar desta forma. Mina sublinha a premissa central do filme no seu final, na capela de Drácula, e a narrativa volta ao ponto de partida; ela compreende, na presença de Deus, que o seu amor pode libertá-los a todos das trevas e é mais forte do que a morte. Drácula pede a Mina que lhe dê paz; ela completa a perfuração do seu corpo e corta-lhe a cabeça num ato de misericórdia. Jacqueline LeBlanc resume bem o filme como promovendo "uma ética de devoção e romance que visa contrariar a ameaça da sexualidade promíscua e anónima na era do ciberespaço" (p. 261). Tal como a sífilis permeava o romance e a peste acompanhava Orlok em *Nosferatu*, este filme liga-se à ameaça mortal contemporânea da SIDA (Coppola, citado em Stuart, p. 217 e DVD).

CONCLUSÃO

Drácula constrói uma série de horrores que são estranhos, estrangeiros e sobrenaturais, mas que estão estranhamente perto de casa para os leitores contemporâneos. Drácula e os seus seguidores personificam os receios do Império Britânico, em declínio, de uma colonização inversa por raças consideradas degeneradas pelas principais autoridades fisionómicas e criminológicas da época. Drácula, enquanto chefe degenerado, entrega-se a actos proibidos que causam estragos na unidade familiar, violando a santidade do casamento e pervertendo as relações e os papéis dos géneros. As mulheres vampiras dominantes de *Drácula* levantam os tabus do sexo em grupo e da homossexualidade e rejeitam a maternidade, alimentando-se de crianças; representam a ameaça ao poder patriarcal que a Nova Mulher teme. Lucy simboliza esta figura feminista, sobretudo antes de se tornar vampira. O vampirismo é uma doença venérea que enfraquece e feminiza os homens no texto de Stoker, tornando-o numa parábola sobre a sífilis que adverte contra as ligações com as prostitutas que existiam em abundância na altura da sua publicação. Vários críticos têm-se insurgido apaixonadamente contra *Drácula*, identificando violência sexual na destruição das vampiras pelas personagens masculinas; tais interpretações podem ser um pouco infundadas, mas têm certamente desafiado os adaptadores.

As versões cénicas têm-se esforçado por se manterem fiéis a *Drácula*, sendo prejudicadas pela censura do conteúdo violento e sexualizado do romance. A extensão do livro e o seu formato epistolar são também desafios significativos para os adaptadores, que têm de condensar e transmutar as várias narrativas. O desenrolar lento e gradual do horror em *Drácula* e a ausência assombrosa dos vampiros em grande parte da narrativa não se adequam à ação dramática. A adaptação de *Drácula* para o palco também tem de ter em conta considerações físicas e económicas, dada a vasta extensão geográfica da história, as cenas de perseguição e o desafio dos vampiros às leis da natureza. As adaptações para palco perdem muitas vezes muito de Stoker e do horror ao ultrapassarem estes desafios, mas ao fazê-lo provam a versatilidade do bem cultural *Drácula*, em termos da sua capacidade de perdurar em formas alternativas e de alcançar um sucesso popular duradouro.

A peça de Lochhead é notável por se envolver com a escola de crítica *de Drácula* que lê a figura do vampiro como a manifestação perturbadora de um segundo eu reprimido. Ao contrário de muitas outras peças, foi capaz de se aproximar da essência do material de Stoker, actualizá-lo para um público mais moderno e obter uma certa aclamação da crítica. *O Drácula* de Lochhead explora as ambiguidades do romance para mudar a ênfase do horror para a tragédia. Reinventa a relação entre o vampiro e a vítima como uma espécie de história de amor; Mina lamenta a morte de Drácula, convidando o público a ter pena dele.

O cinema enfrenta muitos dos mesmos desafios que o palco quando se trata de adaptar *Drácula*. *Nosferatu*, sendo um filme mudo, é particularmente difícil de acomodar a forma epistolar e a quantidade de diálogos do romance. No entanto, consegue manter os horrores degenerados centrais do texto de Stoker através de meios visuais, metafóricos e míticos. O legado de *Nosferatu* foi o de ser perturbadoramente interpretado como propaganda anti-marxista e antissemita no rescaldo da Primeira Guerra Mundial, embora *Drácula* fosse suficientemente versátil para também servir os objectivos dos Aliados na Segunda Guerra Mundial. Apesar de todo o seu horror, o Orlok de *Nosferatu* tem um aspeto simpático, em termos da sua trágica perseguição de Ellen.

A longevidade de *Horror of Dracula* da Hammer e dos seus descendentes foi sustentada pelo espírito de desdém pela autoridade que se tornou predominante nas audiências jovens dos anos 60, que ansiavam por um futuro mais colorido. *Horror of Dracula* é identificável com a hipocrisia e o sexismo da revolução sexual, mas há inegáveis vislumbres de transformação e capacitação feminina no filme, tal como no romance. A Hammer foi mais longe em termos de cenas proibidas pela censura. A agressão internacional sangrenta estava na agenda contemporânea com a Guerra do Vietname, e Drácula era um motivo cultural oportuno. Os inimigos fora do país de origem tinham os seus homólogos no seio da unidade familiar, as mulheres que procuravam libertar-se dos papéis restritivos dos anos 50. *O horror do* vampiro *Drácula* proporcionava essa emancipação, tornando as mulheres figuras perigosas que o establishment perseguia e destruía, incorrendo na ira de Drácula.

O Drácula de Bram Stoker colocou o enredo amoroso e a vingança do vampiro pela sua noiva perdida no seu centro. Renovou o romance de Stoker ao reimaginar o Drácula histórico como santo guerreiro, libertador e amante, ganhando assim popularidade junto das mulheres. O filme de Coppola humaniza e racionaliza o vampiro, transformando a sua queda da graça de Deus numa tragédia. Este Drácula é imperfeito, digno de pena e em conflito entre o amor e os seus instintos mais básicos. O filme parece uma parábola para a era moderna, defendendo o amor em detrimento do tipo de promiscuidade indiscriminada codificada em *Drácula*, cujos perigos ressoam intemporalmente.

O campo de interpretação do livro de Stoker é, de facto, muito vasto e ultrapassa em muito os limites desta discussão. Uma investigação mais aprofundada poderia centrar-se, por exemplo, na homossexualidade ou na blasfémia presentes no texto. Outra área fascinante é a tradição oral de histórias sobre o Drácula histórico, a sua disseminação pela Europa sob a forma de panfletos e o seu papel na composição intertextual de *Drácula* e das suas adaptações. Além disso, há muitas versões mais significativas para o palco e para o ecrã que contribuem para a durabilidade e versatilidade do produto *Drácula*. Além disso, *Drácula* foi adaptado a meios de comunicação incrivelmente diversos, incluindo, mas não se limitando a, desenhos animados para crianças, programas de televisão, cereais para pequeno-almoço, filmes para adultos, ópera, jogos de computador e de vídeo, música, brinquedos e ballet; qualquer um deles mereceria ser estudado.

BIBLIOGRAFIA

Arata, Stephen D., "The Occidental Tourist: *Dracula* and the Anxiety of Reverse Colonization", *Victorian Studies*, 33:4 (verão de 1990), 621-45

Andriano, Joseph, *Our Ladies of Darkness: Feminine Daemonology in Male Gothic Fiction* (University Park: Pennsylvania University Press, 1992)

Auerbach, Nina, *Woman and the Demon: the Life of a Victorian Myth* (Londres: Harvard University Press, 1982)

Braun, Ann-Kathrin, 'From Page to Stage: Narrative Strategies in Lochhead's *Dracula*", *Gothic Studies*, 3:2 (agosto de 2001), 196-210

Browning, John E. e Caroline Joan Picart, *Dracula in Visual Media: Aparições no cinema, na televisão, na banda desenhada e nos jogos electrónicos, 1921-2010* (McFarland, 2011)

Bunson, Matthew, *The Vampire Encyclopedia* (Nova Iorque: Gramercy Books, 2000)

Craft, Christopher, "'Kiss Me with those Red Lips": Gender and Inversion in Bram Stoker's *Dracula*", *Representations*, 8 (1984), 107-33

Davison, Carol Margaret (ed.), *Bram Stoker's Dracula: Sucking through the Century, 1897-1997* (Oxford: Dundurn Press, 1997)

Deane, Hamilton e John L. Balderston, *Dracula: The Vampire Play in Three Acts* (Nova Iorque: Samuel French, 1960)

Dijkstra, Bram, *Idols of Perversity: Fantasies of Feminine Evil in Fin-De-Siecle Culture* (Oxford: Oxford University Press, 1986)

Donald, James (ed.), *Fantasy and the Cinema* (Londres: British Film Institute, 1989)

Frayling, Christopher, *Vampyres: Lord Byron to Count Dracula* (Londres: Faber and Faber, 1992)

Glover, David, *Vampires, Mummies, and Liberals: Bram Stoker and the Politics of Popular Fiction* (Durham e Londres: Duke University Press, 1996)

Holden, Richard (ed.), *OED Online* http://www.oed.com [acedido em 18 de outubro de 2013]

Ledger, Sally, *The New Woman: Fiction and Feminism at the Fin-de-Siecle*

(Manchester: Manchester University Press, 1997)

Lochhead, Liz, *Mary Queen of Scots Got her Head Chopped off & Dracula* (Londres: Penguin, 1989)

McNally, Raymond T. e Radu Florescu, *In Search of Dracula* (Boston e Nova Iorque: Houghton Mifflin, 1994)

Miller, Elizabeth, *Dracula: Sense and Nonsense* (Desert Island eBooks, 2012)

Neocleous, Mark, "Gothic Fascism", *Journal for Cultural Research*, 9:2 (abril de 2005), 133-49

Skal, David J., *Hollywood Gothic: The Tangled Web of Dracula from Novel to Stage to Screen* (Nova Iorque: Faber and Faber, 2004)

Stoker, Bram, *Dracula* [1897], ed. por Maurice Hindle (Londres: Penguin, 1993)

--- *Dracula* [1897], ed. por Nina Auerbach e David J. Skal (Londres: Norton, 1997)

--- *Drácula: Or The Un-dead: A Play in Prologue and Five Acts*, ed. por Sylvia Starshine (Nottingham: Pumpkin Books, 1997)

Stuart, Roxana, *Stage Blood: Vampires of the 19th-Century Stage* (Bowling Green:
Bowling Green State University Popular Press, 1994)

FILMOGRAFIA

Bram Stoker's Dracula Collector's Edition, realizado por Francis Ford Coppola (Columbia Pictures, 1992) [em DVD]

Drácula, direção de Tod Browning (Universal, 1931)

Drâcula, dir. de George Melford (Universal, 1931)

Drácula: Prince of Darkness, dir. por Terence Fisher (Hammer Film Productions, 1966)

A Filha do Drácula, direção de Lambert Hillyer (Universal, 1936)

Horror of Dracula, dir. por Terence Fisher (Hammer Film Productions, 1958)

Nosferatu, dir. por F. W. Murnau (Prana-Film, 1922) [em DVD]

Nosferatu, o Vampiro, com direção de Werner Herzog (Werner Herzog Filmproduktion,
Gaumont e ZDF, 1979)

Printed by Books on Demand GmbH, Norderstedt / Germany